使いやすい！教えやすい！家庭学習に最適の問題集！

西南学院小学校
福岡教育大学附属小学校
福岡・久留米・小倉

JN126580

2021 年度版

過去問題集

最新の入試問題と特徴的な出題を含めた全40問掲載

<問題集の効果的な使い方>

①お子さまの学習を始める前に、まずは保護者の方が「入試問題」の傾向や難しさを確認・把握します。その際、すべての「学習のポイント」にも目を通しましょう。

②入試に必要なさまざまな分野学習を先に行い、基礎学力を養ってください。

③学力の定着が窺えたら「過去問題」にチャレンジ！

④お子さまの得意・苦手が分かったら、さらに分野学習をすすめレベルアップを図りましょう！

必ずおさえたい問題集

西南学院小学校

お話の記憶	1話5分の読み聞かせお話集①・②
図形	Ｊｒ・ウォッチャー35「重ね図形」
数量	Ｊｒ・ウォッチャー37「選んで数える」
言語	Ｊｒ・ウォッチャー60「言葉の音（おん）」
常識	Ｊｒ・ウォッチャー56「マナーとルール」

福岡教育大学附属小学校

図形	Ｊｒ・ウォッチャー4「同図形探し」
数量	Ｊｒ・ウォッチャー36「同数発見」
言語	Ｊｒ・ウォッチャー60「言葉の音（おん）」
常識	Ｊｒ・ウォッチャー11「いろいろな仲間」
口頭試問	新口頭試問・個別テスト問題集

●資料提供●

コペル幼児教室

ISBN978-4-7761-5330-6

C6037 ¥2500E

9784776153306

1926037025009

日本学習図書 ニチガク

定価　本体2,500円＋税

こんなこと…ありませんか？

「ニチガクの問題集…買ったはいいけど、、、
この問題の教え方がわからない（汗）」

メールでお悩み解決します！

- ☆ホームページ内の専用フォームで必要事項を入力！
- ☆教え方に困っているニチガクの問題を教えてください！
- ☆確認終了後、具体的な指導方法をメールでご返信！
- ☆全国どこでも！スマホでも！ぜひご活用ください！

＜質問回答例＞

アドバイス

推理分野の学習では、後の学習に活きる思考力を養うことができます。ご家庭で指導する場合にも、テクニックにたよらず、保護者の方が先に基本的な考え方を理解した上で、お子さまによく考えさせることを大切にして指導してください。

Q.「お子さまによく考えさせることを大切にして指導してください」と学習のポイントにありますが、考える習慣をつけさせるためには、具体的にどのようにしたらいいですか？

A.お子さまが考える時間を持てるように、質問の仕方と、タイミングに工夫をしてみてください。
たとえば、「答えはあっているけど、どうやってその答えを見つけたの」「答えは○○なんだけど、どうしてだと思う？」という感じです。
はじめのうちは、「必ず30秒考えてから手を動かす」などのルールを決める方法もおすすめです。

まずは、ホームページへアクセスしてください!!

https://www.nichigaku.jp　日本学習図書　検索

目指せ！合格！

家庭学習ガイド
西南学院小学校

入試情報

出題形態：ペーパー、ノンペーパー
面　　接：保護者・志願者面接
出題領域：ペーパーテスト（図形、数量、言語、常識、お話の記憶）、巧緻性、口頭試問、行動観察、制作（想像画）、運動

受験にあたって

本年度の入試は、事前に面接が行われ、１日目にペーパーテスト、口頭試問、２日目に行動観察、制作（想像画）、運動という内容で実施されました。ペーパーテストでは図形、数量、言語、常識、お話の記憶の分野から出題され、質・量ともにレベルの高い内容でした。「お話の記憶」は、長文が出題されているので、「聞く力」が重要になってきます。例年出題されていた「見る記憶」は、本年度は出題されませんでした。

また、「数量」や「図形」など、思考力を要する問題が例年出題されており、問題数も多いので解答のスピードも要求されます。

机上の学習だけではおろそかになりがちな「常識」の問題もしっかり出題されています。これらに正答するためには、基礎学力の充実とともに、生活の中での経験や体験が必要になります。

当校の教育目標として「真理を探究し、平和を創り出す人間の創造」というテーマが掲げられています。面接を含めた選考を通して、その資質がチェックされているので、学校のことをよく理解した上で対策を立てることが大切です。

必要とされる力　ベスト６

チャートで早わかり！

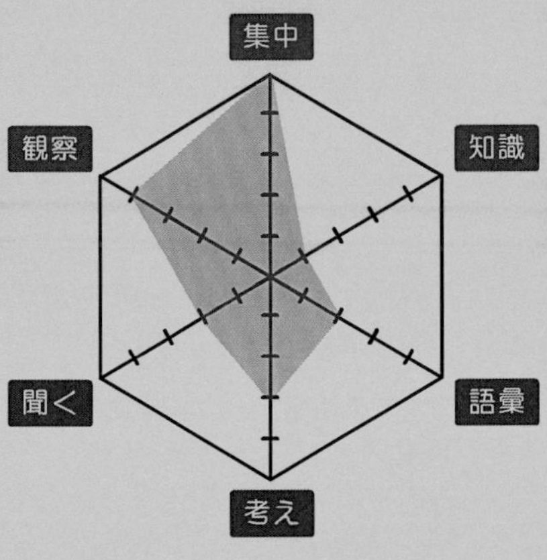

特に求められた力を集計し、左図にまとめました。
下図は各アイコンの説明です。

アイコンの説明	
集中	集　中　力…他のことに惑わされず１つのことに注意を向けて取り組む力
観察	観　察　力…２つのものの違いや詳細な部分に気付く力
聞く	聞　く　力…複雑な指示や長いお話を理解する力
考え	考える力…「～だから～だ」という思考ができる力
話す	話　す　力…自分の意志を伝え、人の意図を理解する力
語彙	語　彙　力…年齢相応の言葉を知っている力
創造	創　造　力…表現する力
公衆	公衆道徳…公衆場面におけるマナー、生活知識
知識	知　　識…動植物、季節、一般常識の知識
協調	協　調　性…集団行動の中で、積極的かつ他人を思いやって行動する力

※各「力」の詳しい学習方法などは、ホームページに掲載してありますのでご覧ください。http://www.nichigaku.jp

目指せ！合格！

家庭学習ガイド
福岡教育大学附属小学校（福岡・久留米・小倉）

入試情報

出題形態：ペーパー、ノンペーパー
面　　接：なし
出題領域：ペーパーテスト（図形、数量、言語、常識）、行動観察、口頭試問、絵画

受験にあたって

福岡教育大学の３つの附属小学校では、同日同時刻に同じ内容の試験を行うという、ほかの学校ではあまり見られない形で入学試験が実施されています。

第１次選考は、例年１月上旬に実施されています。内容は、ペーパーテスト、行動観察、口頭試問、絵画となっており、知識だけでなく、論理的思考力、判断力、表現力など総合的な観点での出題が特徴です。分野的には、「数える」「探す」など、お子さまの忍耐力や集中力を見る問題が多く出題されています。また、「常識」分野からの出題もよく見られるので、机上の学習だけでなく、日常生活に根ざした学習が欠かせません。口頭試問では、公共の場における振る舞いや、ある特定の状況（自分やほかの人が困っている状況など）における対応ついての質問がありました。質問に対する答えとともに、きちんとした受け答えができるという意味でのコミュニケーション力が、当校の入試では必須とも言えるでしょう。

第２次選考は、第１次選考合格者の中で抽選が行われ、入学内定者が決定します。

必要とされる力 ベスト６

チャートで早わかり！

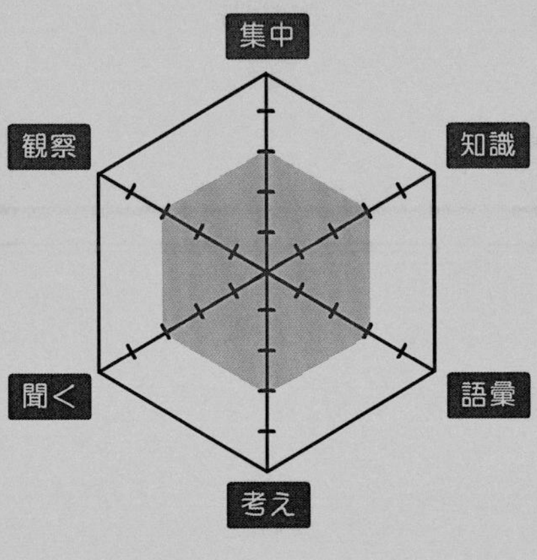

特に求められた力を集計し、左図にまとめました。
下図は各アイコンの説明です。

	アイコンの説明
集中	集　中　力…他のことに惑わされず１つのことに注意を向けて取り組む力
観察	観　察　力…２つのものの違いや詳細な部分に気付く力
聞く	聞　く　力…複雑な指示や長いお話を理解する力
考え	考える力…「～だから～だ」という思考ができる力
話す	話　す　力…自分の意志を伝え、人の意図を理解する力
語彙	語　彙　力…年齢相応の言葉を知っている力
創造	創　造　力…表現する力
公衆	公衆道徳…公衆場面におけるマナー、生活知識
知識	知　　識…動植物、季節、一般常識の知識
協調	協　調　性…集団行動の中で、積極的かつ他人を思いやって行動する力

※各「力」の詳しい学習方法などは、ホームページに掲載してありますのでご覧ください。http://www.nichigaku.jp

西南学院小学校
福岡教育大学附属小学校

過去問題集

〈はじめに〉

　現在、少子化が叫ばれているにもかかわらず、一定の志願者を集めるのが小学校入学試験です。このような状況では、ただやみくもに練習をするだけでは合格は見えてきません。志望校の過去における出題傾向を研究・把握した上で、練習を進めていくこと、その上で試験までに志願者の不得意分野を克服していくことが必須条件です。そこで、本問題集は小学校を受験される方々に、志望校の出題傾向をより詳しく知っていただくために、過去に遡り出題頻度の高い問題を結集いたしました。最新のデータを含む精選された過去・対策問題集で実力をお付けください。
　また、小学校受験の詳しい情報は「小学校入試知っておくべき125のこと」（小社刊）並びに、弊社ホームページを参考になさってください。

〈本書ご使用方法〉

◆出題者は出題前に一度問題を通読し、出題内容などを把握した上で、〈 準 備 〉の欄に表記してあるものを用意してから始めてください。
◆お子さまに絵の頁を渡し、出題者が問題文を読む形式で出題してください。問題を読んだ後で、絵の頁を渡す問題もありますのでご注意ください。
◆「分野」は、問題の分野を表しています。弊社の問題集の分野に対応していますので、復習の際の目安にお役立てください。
◆一部の描画や工作、常識等の問題については、解答が省略されているものがあります。お子さまの答えが成り立つか、出題者が各自でご判断ください。
◆〈 時 間 〉につきましては、目安とお考えください。
◆学習のポイントは、指導の際にご参考にしてください。
◆【おすすめ問題集】は各問題の基礎力養成や実力アップにご使用ください。

〈本書ご使用にあたっての注意点〉

◆文中に **この問題の絵は縦に使用してください。** と記載してある問題の絵は縦にしてお使いください。
◆〈 準 備 〉の欄で、クレヨンと表記してある場合は12色程度のものを、画用紙と表記してある場合は白い画用紙をご用意ください。
◆文中に **この問題の絵はありません。** と記載してある問題には絵の頁がありませんので、ご注意ください。尚、問題の絵の右上にある番号が連番でなくても、中央下の頁番号が連番の場合は落丁ではありません。
下記一覧表の●がついている問題は絵がありません。

問題1	問題2	問題3	問題4	問題5	問題6	問題7	問題8	問題9	問題10
									●
問題11	問題12	問題13	問題14	問題15	問題16	問題17	問題18	問題19	問題20
●	●		●						
問題21	問題22	問題23	問題24	問題25	問題26	問題27	問題28	問題29	問題30
							●		
問題31	問題32	問題33	問題34	問題35	問題36	問題37	問題38	問題39	問題40
			●						

〈西南学院小学校〉

◎学習効果を上げるため、前掲の「家庭学習ガイド」をお読みになり、各校が実施する入試の出題傾向を、よく把握した上で問題に取り組んでください。
※問題を始める前に、巻頭の「本書ご使用方法」「本書ご使用にあたっての注意点」をご覧ください。

2020年度の最新問題

問題1　分野：図形（重ね図形）

観察　考え

〈準備〉　クーピーペン（青）

〈問題〉　（問題1－1の1番上の段の問題は練習として提示）
左の2つの形を重ねた時にできる形はどれでしょうか。右の四角の中から選んで○をつけてください。

〈時間〉　各20秒

〈解答〉　①右　②右　③左　④真ん中　⑤真ん中　⑥左

［2020年度出題］

学習のポイント

まずは、2つの形を重ねるという感覚をつかめるようにしましょう。重ねるということは、2つの形のうちのどちらかを動かす必要があります。この動かすという作業を頭の中で行うことは、お子さまの年齢では保護者の方が思っている以上に難しいことです。出題はペーパーテストではありますが、それ以前の段階として実際に形を動かす様子を目で見えるようにするとスムーズに理解できるようになります。方法としては、2つの形のどちらかを透明なシート（クリアファイルなど）に書き写して、もう1つの形に重ねます。そうすると正解の形が出来上がります。この「自分で動かす」ということが大切なのです。そうして、手を動かし、目で見ることで「図形感覚」が養われていきます。小学校受験は体験が大切と言われますが、まさにこれが「体験」ということなのです。

【おすすめ問題集】
　Ｊｒ・ウォッチャー35「重ね図形」

問題2　分野：数量（選んで数える・ひき算）

観察　考え

〈準備〉　クーピーペン（青）

〈問題〉　（問題２－１の１番上の段の問題は練習として提示）
左の四角のくだものとお菓子を同じ数にしたいと思います。お菓子はいくつたりないでしょうか。たりない数を右の四角の中から選んで○をつけてください。

〈時間〉　各20秒

〈解答〉　①左から２番目　②右端　③左から２番目
④右から２番目　⑤左端　⑥右から２番目

［2020年度出題］

学習のポイント

保護者の方は単純なひき算と考えるかもしれませんが、お子さまの立場に立ってみるといくつもの工程を経ないと正解にたどり着けないことがわかります。①くだものの数をかぞえる、②お菓子の数をかぞえる、③その差を考える、④選択肢の中から探す、という４段階です。本問を間違えてしまった時は、どこでミスをしたのかを保護者の方がしっかりと把握するようにしてください。数え間違いなのか、ひき算の間違いなのか、途中で数がいくつだったのかがわからなくなってしまうのか、という原因をはっきりさせることで、次にどんな学習をすればよいかがわかります。お子さまの得意・不得意を知ることは、学習の進め方の指針になります。お子さまのことをしっかりと見て、よりよい方向に導いていってあげてください。

【おすすめ問題集】
Ｊｒ・ウォッチャー37「選んで数える」、38「たし算・ひき算１」、
39「たし算・ひき算２」

問題3　分野：言語（頭音探し）

語彙

〈準備〉　クーピーペン（青）

〈問題〉　左の四角の絵と同じ音で始まるものはどれでしょうか。右の四角の中から選んで○をつけてください。

〈時間〉　各20秒

〈解答〉　①真ん中（アメンボ）　②真ん中（虹）
③真ん中（オットセイ）　④真ん中（タンポポ）

［2020年度出題］

学習のポイント

まず、お子さまは言葉が音によって構成されていることを理解できているでしょうか。例えば、あじさいは「ア」「ジ」「サ」「イ」という４つの音からできているということです。小学校入試の言語分野の問題は、多くが「音」に関しての出題になります。それは、ひらがなの読み書きができないという大前提があるからです。つまり、言語と言っても、その中心は「聞く」ということになります。そうしたことを保護者の方が理解して学習を進めるようにしてください。絵本の読み聞かせや、親子の会話も言語の学習です。と言うよりも、それらが学習の中心になるべきものなのです。そうした生活の中での学びをベースにして、ペーパー学習で志望校に合わせた対策をすることが、小学校入試の基本になります。

【おすすめ問題集】

Ｊｒ・ウォッチャー17「言葉の音遊び」、18「いろいろな言葉」
60「言葉の音（おん）」

問題４　分野：常識（マナーとルール）

公衆　知識

〈準 備〉　クーピーペン（青）

〈問 題〉　①この中で正しい姿勢で勉強をしているのはどれでしょうか。選んで○をつけてください。
②この中で正しい鉛筆の持ち方はどれでしょうか。選んで○をつけてください。

〈時 間〉　各15秒

〈解 答〉　①左端　②左から２番目

［2020度出題］

学習のポイント

小学校入試全体の傾向として、本問のような常識分野の出題が多くなってきています。なぜ常識問題の出題が増えているのかわかるでしょうか。ひと言で言えば、「常識がなくなってきている」と学校が考えているからです。もし、全員が常識問題に正解できるなら、出題する意味はありません。それと同時に、学力だけでなく、「こうしたところも観ていますよ」という学校からのメッセージの意味合いもあります。常識問題で観られているのは、お子さまではなく保護者の方です。保護者がどういった躾や指導をしてきたのかが問われていると言ってもよいでしょう。学校がお子さまだけでなく、保護者までしっかり観ようとしていることの表れが、常識問題の出題増加につながっているのです。

【おすすめ問題集】

Ｊｒ・ウォッチャー12「日常生活」、30「生活習慣」、56「マナーとルール」

問題5　分野：分野：常識（マナーとルール）

公衆　知識

〈準備〉　クーピーペン（青）

〈問題〉　①この中で正しい姿勢で食事をしているのはどれでしょうか。選んで○をつけてください。
②この中で正しい箸の持ち方はどれでしょうか。選んで○をつけてください。
③この中でお味噌汁のお椀はどれでしょうか。選んで○をつけてください。

〈時間〉　各20秒

〈解答〉　①右から２番目　②右端　③右から２番目

［2020年度出題］

学習のポイント

前問に引き続き常識問題が出題されています。ということは、この分野を重視していると考えることができます。本問は食事に関する問題ですが、当校では試験の合間にお弁当の時間があります。もし、本問が正解だったとしても、その時の箸の持ち方や食事の仕方がよくなかったとしたら、学校はどう考えるでしょうか。実際にそうしたところまで細かく観ているかどうかはわかりませんが、知識だけでなく行動をともなっておいた方がよいことは間違いないでしょう。こうした躾に関する習慣は、付け焼き刃で修正できるものではありません。もし、できていないと感じるようでしたら、試験までに少なくとも知識だけは身に付けるようにしておきましょう。

【おすすめ問題集】
Ｊｒ・ウォッチャー12「日常生活」、30「生活習慣」、56「マナーとルール」

家庭学習のコツ①　「先輩ママのアドバイス」を読みましょう！

本書冒頭の「先輩ママのアドバイス」には、実際に試験を経験された方の貴重なお話が掲載されています。対策学習への取り組み方だけでなく、試験場の雰囲気や会場での過ごし方、お子さまの健康管理、家庭学習の方法など、さまざまなことがらについてのアドバイスもあります。先輩ママの体験談、アドバイスに学び、ステップアップを図りましょう！

問題6　分野：常識（日常生活）　知識

〈準 備〉　クーピーペン（青）

〈問 題〉　絵を見て答えてください。
①ひじに○をつけてください。
②くるぶしに×をつけてください。
③かかとに△をつけてください。
④つま先に□をつけてください。
⑤かたに◎をつけてください。

〈時 間〉　各10秒

〈解 答〉　下図参照

［2020年度出題］

学習のポイント

最近ではあまり見かけることのない、身体の部位の名前を答える問題です。それほど難しい部位が問われているわけではないので、しっかりと正解しておきたいところです。できなかったとしたら、知識と言うよりは、生活の中で身体の部位の名前を知る経験が足りないということです。ペーパーで学習するのではなく、保護者の方とのコミュニケーション中で、伝えてあげるようにしてください。あくまでも生活の中で、経験させながら覚えていくことが理想です。また、解答方法としてさまざまな記号での記入が求められているので、最後まで問題を聞いてから答えるようにしましょう。わかっている問題で、ミスをするのは非常にもったいないことです。できる問題を確実に正解することが、合格のための最低条件と言えます

【おすすめ問題集】
　Ｊｒ・ウォッチャー12「日常生活」、18「いろいろな言葉」

家庭学習のコツ②　**「家庭学習ガイド」はママの味方！**

問題演習を始める前に、試験の概要をまとめた「家庭学習ガイド（本書カラーページに掲載）」を読みましょう。「家庭学習ガイド」には、応募者数や試験科目の詳細のほか、学習を進める上で重要な情報が掲載されています。それらの情報で入試の傾向をつかみ、学習の方針を立ててから、対策学習を始めてください。

問題7　分野：お話の記憶

聞く　集中

〈準備〉　クーピーペン（青）

〈問題〉　お話をよく聞いて、後の質問に答えてください。

今日は、青空が広がったとってもいい天気です。たろうくんとよしおくんのお母さんが「たろう。よしお。今日は天気がいいから公園にピクニックに行ってくればいいんじゃない」と言いました。
２人は元気いっぱいに歩き始めました。海の見える広い公園に着きました。公園にはブランコとシーソーがありました。たろうくんとよしおくんは公園で遊んだり、お絵描きをしたりしました。たろうくんは大きな木を２本描きました。よしおくんはヨットの絵を描きました。
おなかが空いたので、そろそろお弁当を食べようとリュックサックを開けると、よしおくんのリュックサックの中にはお弁当が入っていませんでした。たろうくんのお弁当には、タコさんウインナーとフライドポテトが入っていました。
「何から食べようかな」たろうくんは迷いましたが、はじめにタコさんウインナーをパクッと食べました。弟のよしおくんが大好きなフライドポテトをあげようと思いましたが、落としてしまいました。よしおくんは、「もうおなかが空いた」と言って座り込んでしまいました。
２人はお家に帰ることにしましたが、おなかが空いたので、お店に寄って何か食べるものを買うことにしました。はじめにお菓子屋さんに行きましたが、お店が閉まっていました。次にお饅頭屋さんに行きました。おいしそうなお饅頭がありましたが、並んでいたら、ちょうど前の人で全部売り切れになってしまいました。お店の人が、「売り切れてしまってごめんなさいね」と言ってくれましたがとても残念でした。次はケーキ屋さんを見つけて入りました。ケーキ屋さんで、お母さんとお兄ちゃんと弟の分のシュークリームを買いました。そして、シュークリームを１人１個ずつ食べました。
ケーキ屋さんの近くにはナノハナ畑が一面に広がっていました。ナノハナ畑を見ていると、何かが動いていました。「何だろう」近づいてみると隠れていたネコが１匹走って逃げていきました。
お家にはバスに乗って帰ることにしました。途中でたろうくんは電車が走っているのが見えました。今度は「電車に乗りたいな」と思っているうちに、たろうくんはバスの中で眠ってしまいました。

（問題７－１の絵を渡す）
①公園になかったものはどれでしょうか。選んで○をつけてください。
②たろうくんが描いた絵には○、よしおくんが描いた絵には△をつけてください。
③たろうくんが１番はじめに食べたお弁当のおかずは何でしょうか。選んで○をつけてください。選んで○をつけてください。
④公園に咲いていた花はどれでしょうか。選んで○をつけてください。
（問題７－２の絵を渡す）
⑤ナノハナ畑から出てきたものは何でしょうか。選んで○をつけてください。
⑥帰りにいくつのお店に行ったでしょうか。その数と同じものに○をつけてください。
⑦帰りに乗った乗りものは何でしょうか。選んで○をつけてください。

〈時間〉　各15秒

〈解答〉　①左端（すべり台）、左から２番目（ベンチ）
②○：右から２番目（木２本）、△：左端（ヨット）
③左端（タコさんウインナー）　④左から２番目（ナノハナ）
⑤右端（ネコ）　⑥左から２番目（３つ）　⑦左下（バス）

［2020年度出題］

学習のポイント

お話は少し長く、設問の数も多めですが、質問が素直なので、問題としてはそれほど難しいものではありません。「公園になかったもの」「描いた絵」「はじめに食べたもの」「咲いていた花」「出てきたもの」「いくつのお店に行ったか」「乗った乗りもの」といった、キーワードになりそうなものから質問されているので、非常にわかりやすく、お話の記憶の基本とも言える内容になっています。例年、同様のパターンで出題されているので、読み聞かせを中心に、しっかり「聞く」ことができるようになれば対応できる問題です。その上で、類題に取り組んでいけば、当校のお話の記憶対策としては充分と言えるでしょう。

【おすすめ問題集】
　1話5分の読み聞かせお話集①・②、お話の記憶 初級編・中級編・上級編

問題8　分野：巧緻性

聞く　集中

〈準　備〉　（あらかじめ問題8の絵を真ん中の線で切り離しておく）
　クーピーペンシル（12色）、ハサミ、のり

〈問　題〉　（問題8の左の絵を渡す）
　①お店の絵が描いてあります。お星さまと女の子をオレンジのクーピーペンでなぞってください。そのほかのものは茶色でなぞってください。
　②周りの太い線をハサミで切ってください。切ったら、お店屋さんの上の三角のところを後ろに折りましょう。
　（問題8の右の絵を渡す）
　③屋根の絵の周りの太い線をハサミで切ってください。
　④切り取った絵をお店屋さん絵の上の三角のところに合わせて、のりで貼り付けてください。

〈時　間〉　10分程度

〈解　答〉　省略

［2020年度出題］

学習のポイント

作業としては、「線を引く」「折る」「切る」「貼る」の4つです。難しい指示があるわけではないので、それほど対策に力を入れる必要はないかもしれません。ただ、「道具を上手く使えているか」「道具をていねいに扱っているか」「後片付けはできているか」といったところがしっかりと行えるようにお子さまを指導してあげてください。お子さまにとっては楽しい作業なので、入試のためというのではなく、遊びの延長という感覚で学習を進めていくとよいでしょう。多少不器用でも問題ありません。ノンペーパーテスト全般に言えることですが、評価は結果だけではなく、過程も含まれています。制作物の出来以上に、どう取り組んだのかが観られているということです。

【おすすめ問題集】
　実践 ゆびさきトレーニング①・②・③、
　Ｊｒ・ウォッチャー23「切る・貼る・塗る」

問題9　分野：口頭試問

聞く　話す

〈準 備〉　なし

〈問 題〉　（1人ずつ番号を呼ばれ、部屋に入り座って以下の質問を受ける）
①（問題9の絵を見せる）
次の2枚の絵を使って、短いお話を作ってください。
②いくつか質問するので答えてください。
・どこか行ってみたいところはありますか。
・（上記の質問に重ねて）誰と行きたいですか。どうしてそこに行きたいのですか。
・最近はまっていることは何ですか。
・（上記の質問に重ねて）誰といっしょにしますか。
・好きな食べものは何ですか。
・何かお手伝いはしていますか。

〈時 間〉　10分程度

〈解 答〉　省略

［2020年度出題］

学習のポイント

出題者と1対1の形式で、口頭で答える課題です。口頭試問では、相手の質問をよく聞いて、そのまま素直に答えるようにしてください。①は、お話作りの問題になります。絶対的な正解がある問題ではありませんが、絵と関連して1つのお話になっているかを保護者の方が確認してください。絵には描かれていない描写を付け加えてお話を広げていくことができれば、より高い評価になるでしょう。②は、面接に近い形の口頭試問です。特に意図のある質問というのではなく、雑談のような内容です。と言うことは、何を答えるかではなく、きちんとコミュニケーションがとれるかどうかがポイントになるでしょう。試験の会場では、1人が質問を受けている間、残りのお子さまは、お絵描きをしながら待っています。その際、「席を立たない」「おしゃべりをしない」などの指示があるので、気を抜かないようにしましょう。

【おすすめ問題集】
面接テスト問題集、新口頭試問・個別テスト問題集
Ｊｒ・ウォッチャー21「お話作り」

家庭学習のコツ③　効果的な学習方法～問題集を通読する

過去問題集を始めるにあたり、いきなり問題に取り組んではいませんか？　それでは本書を有効活用しているとは言えません。まず、保護者の方が、すべてを一通り読み、当校の傾向、ポイント、問題のアドバイスを頭に入れてください。そうすることにより、保護者の方の指導力がアップします。また、日常生活のさまざまなことから、保護者の方自身が「作問」することができるようになっていきます。

問題10　分野：行動観察

協調　聞く

〈準備〉　①新聞紙、風船、コーン、かご　②カプラ（板状の木製ブロック）

〈問題〉　**この問題の絵はありません。**

①風船運びリレー（４人１組で行う）
・新聞紙の上に風船を１つ載せて、コーンのところまで走ってください。
・コーンのところにあるかごに風船を入れて戻ってきてください。
※１回目は新聞紙を広げたまま行う。２回目は新聞紙を半分にして行う。
【お約束】
走らない。騒がない。静かに行う。
新聞紙の端を持ってください。どうやって持つのかもみんなで話し合って決めましょう。
新聞紙の上に載せたら風船を触ってはいけません。おなかにもつけてはいけません。
途中で新聞紙が破れてしまったら、破れた新聞紙を使って続けてください。
風船を落としてしまった時は、風船を拾って、落としたところまで戻ってやり直してください。

②カプラで小学校を作ろう（４～５人のグループで行う）
スクリーンにお手本を映します。そのお手本のように作ってください。グループでいっしょに作りましょう。

〈時間〉　適宜

〈解答〉　省略

［2020年度出題］

学習のポイント

２つの集団行動が課題になっています。どちらも協調性が観られていると言えるでしょう。行動観察においては、どんな課題を行うかということはそれほど意味はありません。その課題の中で、どんな行動をするのかが観られているのです。本問も、①では非常に細かな指示が与えられています。それに対し、②ではかなり自由を与えられています。①ができただけでは、「指示は守れるが自分で積極的に考える（動く）ことができない」と判断されますし、②ができただけではその逆になります。指示を守ることは大切ですが、指示がない中でも考えて行動できるということも大切なのです。保護者の方が、「あれをしてはダメ」「これをしてはダメ」と言っていると、お子さまは指示を与えられないと行動できなくなってしまうので、注意しましょう。

【おすすめ問題集】
新運動テスト問題集、Ｊｒ・ウォッチャー28「運動」、29「行動観察」

問題11　分野：制作（想像画）

創造　聞く

〈準備〉　Ａ４サイズの紙、クーピーペンシル（12色）

〈問題〉　**この問題の絵はありません。**
先生がお話しすることを想像して絵を描いてください。

女の子が眠っています。夢を見ています。家族みんなで動物の国に行っている夢です。女の子は動物の国で何をしていると思いますか。

それでは絵を描いてください。

〈時間〉　10分程度

〈解答〉　省略

［2020年度出題］

学習のポイント

絵画の課題ではありますが、これもある種のコミュニケーションと言えるのかもしれません。テーマがあってそれに対しての答えを、言葉ではなく絵で描くということ、つまり表現方法が違うだけなのです。そして、何を描いたのか相手に伝わらなければよい評価にはなりません。絵が上手かどうかはあまり関係がありません。絵が上手でも、テーマと関係ないことが描かれていれば、問題を聞いていなかったと判断されるでしょう。反対に絵が上手ではなくても、意図が伝わればよい評価につながります。結局は、コミュニケーションができているかどうかということなのです。最近の小学校入試でよく見られる、絵を描いている最中に「何を描いているのですか」という質問は、当校ではなかったようです。そうした意図も絵で表現しなければならないので、意外と難しい課題と言えます。

【おすすめ問題集】
Ｊｒ・ウォッチャー22「想像画」、24「絵画」

問題12　分野：運動

聞く　集中

〈準備〉　マット、平均台、フラフープ、ゴムボール５個（色の違うもの）

〈問題〉　**この問題の絵はありません。**
①ラジオ体操（先生がお手本を見せ、その後全員で行う）
②サーキット運動
前転→ケンパ（パーケン、パーケン、パーケンケン）→かかし（片足立ち。「やめ」の指示があるまで）→平均台渡り→的あて（５色のボールから好きな色を１つ選び、２回投げる。的は壁に貼ったフラフープ）
終わったら三角座りをして待つ。

〈時間〉　適宜

〈解答〉　省略

［2020年度出題］

学習のポイント

小学校入試の運動の基本とも言える内容です。それぞれ難しいものではありませんし、できなかったとしても評価が大きく下がるというものでもありません。運動が得意でも不得意でも一生懸命取り組むということが１番です。小学校に入学して大きな問題なく運動ができるかどうかを観ているだけで、ずば抜けて運動神経のよいお子さまを入学させたいと考えているわけではないので、普通にできていれば充分です。特別な対策は必要ありません。もし、心配なら実際に課題をやってみるとよいでしょう。お子さまは意外とできてしまったりするものです。それよりも、「指示を聞く」ということをお子さまにしっかりと伝えるようにしてください。話を聞いていないということは、集団での行動の和を乱すことにつながり、大きなマイナスになってしまいます。

【おすすめ問題集】

新運動テスト問題集、Ｊｒ・ウォッチャー28「運動」、29「行動観察」

家庭学習のコツ④　効果的な学習方法～お子さまの今の実力を知る

１年分の問題を解き終えた後、「家庭学習ガイド」に掲載されているレーダーチャートを参考に、目標への到達度をはかってみましょう。また、あわせてお子さまの得意・不得意の見きわめも行ってください。苦手な分野の対策にあたっては、お子さまに無理をさせず、理解度に合わせて学習するとよいでしょう。

2019年度以前の過去問題

問題13　分野：見る記憶　観察 集中

〈準 備〉　クーピーペン（青）

〈問 題〉　絵をよく見て覚えてください。
（問題13-１の絵を30秒間見せた後に絵を伏せ、問題13-２の絵を渡す）
①先に渡した絵と違っているところに○をつけてください。
（問題13-３の絵を30秒間見せた後に絵を伏せ、問題13-４の絵を渡す）
②先ほどと同じように、違っているところに○をつけてください。

〈時 間〉　各20秒

〈解 答〉　下図参照

［2019年度出題］

学習のポイント

いわゆる間違い探しの問題です。それほど細かい違いを問うものではないので、確実に正解しておきたいところです。見る記憶の問題は、最初から集中して見てしまうと全体を見渡すことができなくなってしまうので、あまり絵に近づき過ぎず、眺めるように見るところから始めましょう。そこからピントを合わせるように、細部へと目を配っていきます。見る記憶には、絵がランダムに並んでいるものや１枚目の絵にあったもの（なかったもの）を選ぶ問題などがありますが、本文のような間違い探しの問題は、お子さまにとっても楽しみながらできる問題ですので、市販の間違い探しの本などを活用しながら、学習ということを意識させずに取り組んでいくとよいでしょう。

【おすすめ問題集】
Ｊｒ・ウォッチャー20「見る記憶・聴く記憶」

問題14　分野：数量（一対多の対応）

観察　考え

〈準 備〉　クーピーペン（青）

〈問 題〉　**この問題の絵は縦に使用してください。**
右の四角の中の食べものを、左の四角の中のお友だちに同じ数ずつ配ると、１人何個もらえるでしょうか。１番右の四角にその数だけ○を書いてください。

〈時 間〉　各20秒

〈解 答〉　①○：２　②○：２　③○：４　④○：３　⑤○：５　⑥○：２

［2019年度出題］

学習のポイント

数字という考え方を持っていない（という前提の）お子さまには、わり算を使って本問を解くことはできません。なので、問題文にある通り、実際にものを配ってみることが理解への近道になります。①を例にして考えてみると、３人に６個のリンゴを配るということになります。まずは、１個ずつ配ると、リンゴは残り３個になります。それをもう１度繰り返すとリンゴはなくなり、１人２個ずつリンゴをもらえることになります。こうした数のやりとりを目で見て、手を使って感じることによって、頭で理解できるようになっていきます。お子さまにとっては頭の中だけで考えるということは、非常に難しいことです。ですが、試験本番では頭の中だけで考えなければいけません。考えるための第一歩として必要なのが、具体的なものを使って基本的な考え方を身に付けることなのです。遠回りだと思わずに、基礎固めをしっかりと行ってください。

【おすすめ問題集】
Ｊｒ・ウォッチャー42「一対多の対応」

問題15　分野：図形（展開）

観察　考え

〈準 備〉　クーピーペン（青）

〈問 題〉　**この問題の絵は縦に使用してください。**
折ってある折り紙から黒い部分を切り取って開くと、どんな形になるでしょうか。右の四角の中から選んで○をつけてください。

〈時 間〉　各20秒

〈解 答〉　①左　②真ん中　③右　④右　⑤左　⑥左から２番目

［2019年度出題］

学習のポイント

図形問題全般に通じることですが、実際にやってみるということが、問題を解く上での基本になります。本問では、折り紙を折って、切って、開くということを頭の中で考えるわけですが、これを実際に折り紙を使って行うのです。受験というとどうしてもペーパーでの学習を重視してしまいがちですが、小学校受験の場合は、日常生活における経験や体験が重要になってきます。試験ではペーパーテストになるので、もちろんその対策も必要なのですが、その根本にあるのは、お子さま自身の驚きや発見なのです。本問のような展開の問題では、開いた時に「思っていた形だった」「想像していない形だった」など、それぞれに感じることがあるはずです。そうした経験を積み重ねていくと、問題をパッと見ただけで、開いた形を想像することができるようになるのです。ペーパー学習だけでは、身に付きにくいこともあるということを保護者の方は覚えておきましょう。

【おすすめ問題集】
Ｊｒ・ウォッチャー５「回転・展開」

問題16　分野：図形（図形の構成）

観察　考え

〈準備〉　クーピーペン（青）

〈問題〉　**この問題の絵は縦に使用してください。**
左の形を作るのに使わない形はどれでしょうか。右の四角の中から選んで○をつけてください。

〈時間〉　各15秒

〈解答〉　①真ん中　②真ん中　③左から２番目、右から２番目
④左から２番目、右から２番目　⑤右　⑥真ん中

［2019年度出題］

学習のポイント

図形問題では、数多くの形に触れるということが理解へとつながっていきます。「触れる」というのは、比喩的な話ではなく、実際に触るという意味の「触れる」です。本問も頭で考えるのではなく、切り取って手を動かして正解を見つけてみましょう。そうした正解へとたどり着く試行錯誤の中で、新たな発見も数多くあります。「この形とこの形を組み合わせるとこんな形になるんだ」といった、正解への道ではないところに、図形の感覚を磨く可能性が落ちていたりすることもあるのです。そうした発見は、お子さまの学習への意欲にもつながっていきます。図形は考えることも必要ですが、感覚的な部分も大きい分野です。ペーパー学習だけでなく、実際に図形を動かすということも大切にしていきましょう。

【おすすめ問題集】
Ｊｒ・ウォッチャー45「図形分割」、54「図形の構成」

問題17　分野：言語（尾音つなぎ）

語彙　知識

〈準備〉　クーピーペン（青）

〈問題〉　**この問題の絵は縦に使用してください。**
左の絵の終わりの言葉をつなげてできるものはどれでしょうか。右の四角の中から選んで○をつけてください。

〈時間〉　各20秒

〈解答〉　①真ん中（こま）　②真ん中（キリン）　③左（ウサギ）
④真ん中（だるま）　⑤左（かかし）　⑥真ん中（輪投げ）

［2019年度出題］

学習のポイント

尾音つなぎの問題です。尾音という言葉はあまり聞いたことがないと思いますが、言葉の最後の音を尾音と言います。小学校入試の言語分野では、よく出題されている問題です。まず大前提として、描かれている絵が何かがわからないと答えることができません。なので、ある程度の知識が必要とされる問題でもあります。逆に言えば、絵が何をさしているのかがわかれば、ほとんど正解できるとも言えます。①を例にすると、「たこ」「やま」の尾音をつなげるので、「こ」と「ま」をつなげてできる言葉を右の四角から探します。ここでは「こま」が正解になります。つなげる順番が変わったり、文字数が多くなったりすると難しくなることもありますが、基本的な考え方は変わりません。言葉を音としてとらえることができ、年齢相応の語彙力があれば、それほど難しい問題ではないでしょう。

【おすすめ問題集】
Ｊｒ・ウォッチャー17「言葉の音遊び」、18「いろいろな言葉」
60「言葉の音（おん）」

問題18　分野：常識（マナー）

公衆

〈準備〉　クーピーペン（青）

〈問題〉　バスの中でいけないことをしているお友だちは誰でしょうか。選んで○をつけてください。

〈時間〉　20秒

〈解答〉　下図参照

［2019年度出題］

学習のポイント

こうした常識問題は知識として覚えるのではなく、生活の中で身に付けていくようにしましょう。本問はペーパーテストでの出題なので、理由まで問われることはありませんが、こうした問題は口頭試問で出題されることも多く、学習の際には「なぜいけないのか」という理由も答えさせるようにしてください。一般的に常識問題は学校の望む児童像が表れがちなので、特に間違えないように気を付けましょう（本問は間違えようがないと思いますが……）。マナーや常識は、お子さまではなく保護者の躾とその結果が観られていると考えてください。これまでの生活の積み重ねが答えにつながってくるので、保護者の方の存在が大きな役割を占めていると言えます。

【おすすめ問題集】

Ｊｒ・ウォッチャー12「日常生活」、56「マナーとルール」

問題19　分野：推理・常識（欠所補完・理科）

考え　観察　知識

〈準 備〉　クーピーペン（青）

〈問 題〉　上の段と下の段で同じ花を見つけて、それぞれ線でつないでください。

〈時 間〉　１分

〈解 答〉　下図参照

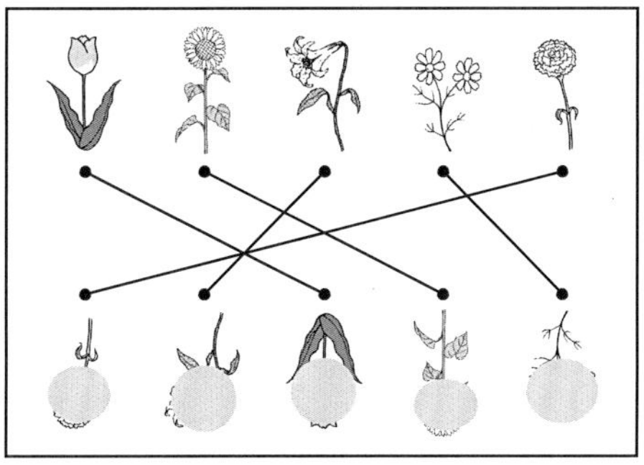

［2019年度出題］

学習のポイント

理科常識と欠所補完と鏡図形を組み合わせたような問題になっています。独特な出題方法なので、少し戸惑ってしまうかもしれません。ただ、解き方を問われることはないので、お子さまが理科常識と感じたら理科常識で、欠所補完と感じたら欠所補完の問題としてとらえてしまって構いません。３つの分野の複合的な知識が必要なのではなく、それぞれの解き方で対応できるものなので、お子さまのやりやすい方法で取り組むようにしましょう。確認のために花の名前を例示すると、左から、チューリップ、ヒマワリ、ユリ、コスモス、カーネーションです。こうした知識を得る時には、あわせて花の咲く季節などもいっしょに覚えておくようにしましょう。さまざまな出題に対応できる力が付くと同時に、記憶の定着にもつながります。

【おすすめ問題集】

Ｊｒ・ウォッチャー27「理科」、55「理科②」、59「欠所補完」

問題20　分野：お話の記憶

聞く　集中

〈準備〉　クーピーペン（青）

〈問題〉　**この問題の絵は縦に使用してください。**
お話をよく聞いて、後の質問に答えてください。

こうくんの家では、ポチという名前のイヌを飼っています。ポチは体が白く、耳としっぽが黒いイヌです。ポチは、こうくんの家のお庭につながれているので、ずっと同じ場所にしか行くことができませんでした。「ここから出た外の世界はどうなっているんだろう。ぼくもいつかここから出ていろんな街を冒険したいなあ」と毎日思っていました。
ある日のことです。ポチがワンワンと首を振っていると、首輪がするっと外れたのです。ポチは「やったあ、これでぼくは自由になれる。さあ冒険に出かけるぞ！」と首輪を置いてこうくんの家の庭から飛び出していきました。外の道を歩いていると、車が走る道がありました。「危ない危ない」ポチは車に気を付けながら、どんどん歩いていると商店街に入りました。商店街には見たことのないお店がたくさん並んでいてとても賑やかです。
いい匂いがするコロッケ屋さんや本屋さんを通り抜けていくと、道の脇に１匹のネコが丸くなって泣いているのを見つけました。ポチは泣いているネコに近づいて声をかけました。「どうしたの？ネコさん」ネコは泣きながら「私はネコのミケよ。私の飼い主さんとお買いものに来たのだけれど、はぐれて迷子になってしまったの。お家がわからなくて」というと、また泣き始めました。「それは大変だね。いっしょに探してあげるよ。あのスズメさんたちに、ミケさんのお家を知っているか聞いてみよう。
ちょうどそこにスズメさんが飛んできていたので、ポチはスズメさんに「スズメさん、ネコのミケさんのお家を知っていますか。知っていたら連れて行ってください」と言いました。スズメさんは「知っているわよ。私が今から空を飛んでいくからついてきてね」ポチとミケはスズメさんの後を一生懸命についていくと、ミケのお家に着きました。「本当にありがとう」ネコのミケはうれしそうに、家の中に走って入っていきました。
その姿を見ると、ポチも何だか寂しくなってきました。「ぼくも家に帰りたいな。でもここはどこだろう。お家からずいぶん遠くに来てしまってもうわからない。ぼくも迷子になっちゃった」と悲しくなって泣いてしまいました。とにかく、帰ろうと歩いていたのですが、見たことのない街でどんどん不安になってきました。ふと顔を上げると電信柱の前に大好きなこうくんが立っていました。「ポチ、やっと見つけたよ。ずいぶん探したんだよ。いっしょにお家に帰ろう」とコウくんは言って、そっとポチを抱っこして、歩いて家に帰りました。

①ポチはどんなイヌでしょうか。選んで○をつけてください。
②ポチが商店街で見たお店はどれでしょうか。選んで○をつけてください。
③商店街で迷子になって泣いていたのは誰でしょうか。選んで○をつけてください。
④ミケに家までの帰り方を教えてくれたのは誰でしょうか。
⑤ポチを探しに来たこうくんはどこにいたでしょうか。選んで○をつけてください。

〈時間〉　各15秒

〈解答〉　①右　②下段左、下段真ん中　③右から２番目　④右端　⑤左端

［2019年度出題］

学習のポイント

お話はやや長め（1,000字程度）ですが、問われることはすべてお話に登場する事柄なので、それほど難しい問題ではないと言えるでしょう。なので、まずはお話をしっかり聞けるということが大切になります。お話の記憶の基本的な考え方として、お話の場面をイメージとして描けるかがポイントになります。お話を聞きながら頭の中で絵本を作っていくような形と言えばよいでしょうか。日常的に読み聞かせをしているご家庭なら、充分に対応できる問題なので、お話の記憶の問題を解くというよりは、お話に慣れることを第一に考えてください。記憶の問題ではありますが、「聞く」ということができていなければ、その先に進むことはできません。「聞く」ということをおろそかにせず、学習に取り組むようにしてください。

【おすすめ問題集】

1話5分の読み聞かせお話集①・②、お話の記憶 初級編・中級編・上級編

西南学院小学校小学校　専用注文書

年　　月　　日

合格のための問題集ベスト・セレクション

＊入試頻出分野ベスト３

1st	記憶	2nd	図形	3rd	常識
聞く力	集中力	観察力	考える力	知識	公衆

口頭試問や行動観察など、ペーパー以外の分野の課題も多いので、机上の学習だけでなく、生活の中での経験も積んでおくとよいでしょう。ペーパー分野では、問題数が多いので解答のスピードも必要になります。

分野	書　名	価格(税抜)	注文	分野	書　名	価格(税抜)	注文
図形	Ｊｒ・ウォッチャー 5「回転・展開」	1,500 円	冊	数量	Ｊｒ・ウォッチャー 38「たし算・ひき算 1」	1,500 円	冊
常識	Ｊｒ・ウォッチャー 12「日常生活」	1,500 円	冊	数量	Ｊｒ・ウォッチャー 39「たし算・ひき算 2」	1,500 円	冊
言語	Ｊｒ・ウォッチャー 17「言葉の音遊び」	1,500 円	冊	数量	Ｊｒ・ウォッチャー 42「一対多の対応」	1,500 円	冊
言語	Ｊｒ・ウォッチャー 18「いろいろな言葉」	1,500 円	冊	図形	Ｊｒ・ウォッチャー 45「図形分割」	1,500 円	冊
記憶	Ｊｒ・ウォッチャー 20「見る記憶・聴く記憶」	1,500 円	冊	巧緻性	Ｊｒ・ウォッチャー 52「運筆②」	1,500 円	冊
創造	Ｊｒ・ウォッチャー 21「お話作り」	1,500 円	冊	図形	Ｊｒ・ウォッチャー 54「図形の構成」	1,500 円	冊
巧緻性	Ｊｒ・ウォッチャー 22「想像画」	1,500 円	冊	常識	Ｊｒ・ウォッチャー 56「マナーとルール」	1,500 円	冊
巧緻性	Ｊｒ・ウォッチャー 23「切る・貼る・塗る」	1,500 円	冊	言語	Ｊｒ・ウォッチャー 60「言葉の音（おん）」	1,500 円	冊
巧緻性	Ｊｒ・ウォッチャー 24「絵画」	1,500 円	冊		実践 ゆびさきトレーニング①・②・③	2,500 円	各　冊
運動	Ｊｒ・ウォッチャー 28「運動」	1,500 円	冊		新口頭試問・個別テスト問題集	2,500 円	冊
観察	Ｊｒ・ウォッチャー 29「行動観察」	1,500 円	冊		新ノンペーパーテスト問題集	2,600 円	冊
常識	Ｊｒ・ウォッチャー 30「生活習慣」	1,500 円	冊		1 話 5 分の読み聞かせお話集①・②	1,800 円	各　冊
図形	Ｊｒ・ウォッチャー 35「重ね図形」	1,500 円	冊				
数量	Ｊｒ・ウォッチャー 37「選んで数える」	1,500 円	冊				

合計	冊	円

（フリガナ） 氏　名	電　話	
	ＦＡＸ	
	E-mail	
住　所　〒　　　　－	以前にご注文されたことはございますか。	
	有　・　無	

★お近くの書店、または記載の電話・FAX・ホームページにてご注文をお受けしております。
　電話：03-5261-8951　FAX：03-5261-8953　代金は書籍合計金額＋送料がかかります。
　※なお、落丁・乱丁以外の理由による商品の返品・交換には応じかねます。
★ご記入頂いた個人に関する情報は、当社にて厳重に管理致します。なお、ご購入の商品発送の他に、当社発行の書籍案内、書籍に関する調査に使用させて頂く場合がございますので、予めご了承ください。

日本学習図書株式会社
http://www.nichigaku.jp

〈福岡教育大学附属福岡小学校〉
〈福岡教育大学附属久留米小学校〉
〈福岡教育大学附属小倉小学校〉

2020年度の最新問題

問題21　分野：図形（同図形探し）　観察　集中

〈準備〉　鉛筆

〈問題〉　（問題21-１の１番上の段の問題は練習として提示）
左の四角の絵と同じものはどれでしょうか。右の四角の中から選んで○をつけてください。

〈時間〉　２分

〈解答〉　①右から２番目　②左から２番目　③右から２番目
④左端　⑤右端　⑥左端

［2020年度出題］

学習のポイント

一見して正解が見つけにくく、それぞれをていねいに見比べる作業が必要になります。ということは時間がかかるので、作業にスピードが求められます。ただ、スピードは試験が近くなってから意識していけばよいでしょう。スピードを意識しすぎるとどうしても確実性が下がります。まずは、確実に正解できることを最優先に考えましょう。マス目や星の数が多くなってくると、全体に目を配ることが難しくなってきます。見比べる回数は多くなってしまいますが、区切って部分ごとに比較していくのも１つの方法です。また、練習問題は簡単なのですが、実際の問題に入るといきなり難度が上がるので、戸惑わないようにしてください。

【おすすめ問題集】
Ｊｒ・ウォッチャー４「同図形探し」

問題22　分野：数量（異数発見）

観察　集中

〈準備〉　鉛筆

〈問題〉　**この問題の絵は縦に使用してください。**
それぞれの段の中で数が違っているものはどれでしょうか。選んで○をつけてください。

〈時間〉　２分

〈解答〉　①右から２番目　②右端　③左端　④左端　⑤右から２番目
⑥左端　⑦右端　⑧左から２番目　⑨右から２番目　⑩左端

［2020年度出題］

学習のポイント

１つひとつ数えていたのでは、確実に解答時間内にすべての問題を解くことはできないでしょう。解答時間内に解くためには、四角の中の数が、ぱっと見ていくつあるかがわかる必要があります。それほど学習をしていなくても、①であれば、３つと４つという違いがすぐにわかると思います。それを10程度までできるようにすることが目標です。ペーパー学習だけでなく、お菓子がいくつあるか、おもちゃがいくつあるかを数えることも学習になるので、保護者の方は生活の中で学びの機会を増やしていってください。そうした小さな積み重ねを繰り返すことが小学校受験では大切です。ペーパーだけに偏らない学習を心がけていきましょう。

【おすすめ問題集】
Ｊｒ・ウォッチャー14「数える」、36「同数発見」

問題23　分野：言語（言葉の音）

語彙　知識

〈準備〉　鉛筆

〈問題〉　（問題23-１の１番上の段の問題は練習として提示）
左の絵と同じ音の数のものはどれでしょうか。右の四角の中から選んで○をつけてください。

〈時間〉　１分30秒

〈解答〉　①右から２番目（コアラ）　②右端（ネズミ）
③右端（シマウマ）　④右から２番目（サクラ）
⑤右端（カブトムシ）　⑥左から２番目（ホウレンソウ）

［2020年度出題］

学習のポイント

当校ははじめに練習問題を提示することが多いので、何を問われているのかをそこでしっかりと理解するようにしましょう。練習問題は左の絵が、「か」「き」という２音なので、右端の「な」「し」が正解になります。言語、特に「言葉の音」の問題では、保護者の方はすぐに問題の意味を理解できても、お子さまは問題の意味さえ理解できていないということがあります。多くの出題パターンを学習して覚えることもよいのですが、問題を一度聞いて理解する力を養うことも大切です。また、こうした問題に取り組む時、正解したものだけでなく、すべての名前が言えるかをチェックすると知識の幅が広がっていきます。ちょっとした積み重ねですが、後々大きな違いになるので、おすすめです。

【おすすめ問題集】

Ｊｒ・ウォッチャー17「言葉の音遊び」、18「いろいろな言葉」、
60「言葉の音（おん）」

問題24　分野：常識（いろいろな仲間）　知識

〈準 備〉　鉛筆

〈問 題〉　それぞれの段の中で仲間外れのものはどれでしょうか。選んで○をつけてください。

〈時 間〉　１分

〈解 答〉　①左から２番目（トラック）　②左から２番目（イチゴ）
③右端（スズメ）　④左端（コスモス）
※上記以外の解答でも、お子さまがきちんと理由を説明できている場合には正解としてください。

［2020年度出題］

学習のポイント

本問をペーパー学習として解いた後、次は口頭試問として、もう一度取り組んでみてください。ペーパーで正解できたとしても、その理由を答えることができなければ、問題を理解できているとは言えません。そうした復習は、口頭試問の学習としてだけでなく、お子さまが本当にわかって答えているのかも確認できます。また、切り口によって違う答えが見つかることもあるので、答え合わせの時に正解か不正解かだけをチェックするだけでなく、違った仲間分けができないかお子さまに質問してみてください。そうした学習は、１つの見方だけでなく、違った視点から考える練習になるので、ぜひ取り組んでみてください。

【おすすめ問題集】

Ｊｒ・ウォッチャー11「いろいろな仲間」、12「日常生活」、27「理科」、
55「理科②」

問題25　分野：言語（言葉の音）

語彙　考え

〈準備〉　鉛筆

〈問題〉　左の絵の下にある○は、それぞれの名前の音（おん）の数を表しています。左の絵の●に当てはまる音をつなげると、どんな言葉になるでしょうか。右の四角の中から選んで○をつけてください。

〈時間〉　１分30秒

〈解答〉　①真ん中（スイカ）　②真ん中（カメラ）
③左端（シマウマ）　④右端（キリン）

［2020年度出題］

学習のポイント

こうした出題形式に慣れていないと、何を問われているのかがわからないこともあると思います。①を例にすると、「イヌ」の「い」、「イルカ」の「か」、「カラス」の「す」をつなげてできる言葉を選ぶということになります。こうして説明すれば理解できると思いますが、予備知識なしで見たとしたら、どんな問題なのか考えてしまうでしょう。言語の知識は、生活の中で身に付けることが基本になります。ただ、その知識を試験で発揮するためには、どういう形で出題されるかを知っておくことが必要です。保護者の方は、生活の中で得た知識を試験に結び付けられるように、生活の学びからペーパー学習へとスムーズに移行できるようにお子さまを導いていってあげてください。

【おすすめ問題集】
Ｊｒ・ウォッチャー17「言葉の音遊び」、18「いろいろな言葉」、
60「言葉の音（おん）」

問題26　分野：行動観察

協調　聞く

〈準備〉　赤・青・緑・黄色の丸シール、大きめの白い紙（家の絵を描いておく）

〈問題〉　**この問題は絵を参考にしてください。**
（３～４人のグループで行う）
大きな紙に家の絵が描いてあります。みんなで家の線に沿ってシールを貼っていってください。シールは向こうに置いてあるので、取りに行って始めてください。
【お約束】
同じ色が続かないように貼ってください。
みんながシールを貼るようにしてください。
シールを貼る順番は話し合って決めてください。
静かにシールを貼ってください。
「やめてください」と言うまでシールを貼ってください。
はじめは、みんなで「お願いします」と言って全員と握手をしましょう。終わったら、「ありがとうございました」とあいさつをして握手をしましょう。

〈時間〉　10分程度

〈解答〉　省略

［2020年度出題］

学習のポイント

課題自体は、線で描かれた家にシールを貼っていくというシンプルなものです。ただ、指示（お約束）が非常に多いので、それらをしっかり聞いて、行動に移すことができることがポイントになります。「同じ色が続かないように」「順番は話し合って」「みんな」で「静かに」「『やめてください』と言うまで」シールを貼らなければいけません。この指示をすべて守って課題をこなすことは、かなり難しいと言えるでしょう。だからと言って、自分だけが指示通りにシールを貼っていただけでは、よい評価にはつながりません。集団行動なので、「協調性」を第一に考え、みんなで仲良くシールを貼っていくことが大切です。

【おすすめ問題集】
新口頭試問・個別テスト問題集、新ノンペーパーテスト問題集
Ｊｒ・ウォッチャー29「行動観察」

問題27　分野：口頭試問

話す　公衆

〈準備〉　なし

〈問題〉　（教室の外に先生が座っていて、１人ずつ呼ばれて質問される）
①（問題27－１の絵を見せる）
お友だちがお茶をこぼして服が濡れてしまいました。あなただったらどうしますか。
あなたがお茶をこぼしてしまったら何と言いますか。
②（問題27－２の絵を見せる）
この絵の中でいけないことしているのは誰ですか。指をさしてください。
③小学校に入ったら何をがんばりたいですか。

〈時間〉　５分程度

〈解答〉　省略

［2020年度出題］

学習のポイント

①の問題に正解はありません。こうした問題は、「答え」ではなく、「考え」を聞いているのです。言い換えれば、経験が問われているということです。また、こぼした側、こぼされた側の両方の考えが聞かれているので、相手の気持ちを考えるということが必要になります。②は、口頭試問ではありますが、答えた後に理由を聞かれるということもなかったようです。この出題形式であれば、ペーパーとの違いはありません。注意するとすれば、無言で指し示すのではなく、「これです」とひと言そえることができるとよいでしょう。③は、面接的な質問なので、「元気よく」がんばりたいことを伝えることができれば充分です。

【おすすめ問題集】
新口頭試問・個別テスト問題集、新ノンペーパーテスト問題集

問題28　分野：絵画

創造　集中

〈準 備〉　クレヨン、クーピーペン、色鉛筆、画用紙（Ａ４サイズのものを３～４枚）

〈問 題〉　**この問題の絵はありません。**
（口頭試問の待機時間に行われる）
お絵描きをしましょう。好きな絵を描いてください。

〈時 間〉　適宜

〈解 答〉　省略

［2020年度出題］

学習のポイント

口頭試問が行われている間、待機しているお子さまに対して出された課題です。このような自由絵画の課題には、正解・不正解はありません。作品のクオリティが評価の対象となることもありません。好きな絵を、子どもらしくのびのびと描くことが大切です。自分なりの発想で自由に表現できるように、ふだんから積極的にお絵描きや工作に親しんで、道具や材料の扱いに慣れるとともに、想像力、創造力を養うとよいでしょう。想像力や創造力を養うには、まずはお子さまの自由な発想にまかせ、好きなように作らせることが重要です。保護者の方もつい手や口を出したくなるかもしれませんが、根気強く見守り、お子さまが最後まで仕上げたら、できなかったことを言うのではなく、できたことを褒めるようにしてください。なお、こうした課題では道具の扱いや片付けも観られています。ふだんから、その点まで意識して、お絵描きや工作に取り組むようにしてください。

【おすすめ問題集】

Ｊｒ・ウォッチャー24「絵画」

2019年度以前の過去問題

問題29　分野：数量（異数発見）

観察　集中

〈準備〉　鉛筆

〈問題〉　（１番上の段の問題は、試験では練習問題として例示されました）
左の絵と違う数のものはどれでしょうか。右の四角の中から選んで○をつけてください。

〈時間〉　２分

〈解答〉　下図参照

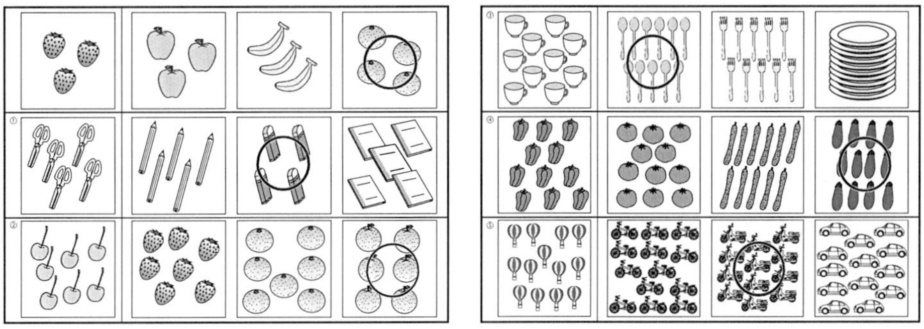

［2019年度出題］

学習のポイント

本問をご覧になっている保護者の方は、問題に「異数発見」と書いてあるので、どんな問題なのかがすぐにわかりますが、試験ではそうしたことがわからない状態で始めるので、まずは問題をしっかり聞いて、違う数のものを見つける問題だということを把握しましょう。数量の問題は数をかぞえることができれば正解できるのですが、数が多かったり、解答時間が短かったりすると、すべての問題を解くことができなくなってしまいます。そうしたことを防ぐために、10個程度のものはパッと見て何個あるかがわかるようになることが理想です。ただ、⑤のように描かれているものの形が複雑なものは、一見しただけでは数を把握しにくいものです。そうした場合には、１つひとつ数えるしかありません。ですから、余裕を持つためにも数の少ないものやシンプルな形のものは、一目でいくつあるかがわかるようにしておきましょう。保護者の方がおはじきなどをランダムに机の上に置き、パッと見て数を答えさせるといった、ゲームのような形で、数の感覚を磨いてゆくとよいでしょう。

【おすすめ問題集】
　Ｊｒ・ウォッチャー36「同数発見」、14「数える」

問題30　分野：図形（重ね図形）

考え　観察

〈準備〉　鉛筆

〈問題〉　**この問題の絵は縦に使用してください。**
（上の２つの段の問題は、試験では練習問題として例示されました）
透明な紙に描かれた左の２つの形をそのまま重ねた時、どんな形になるでしょうか。右の四角に描いてください。

〈時間〉　30秒

〈解答〉　下図参照

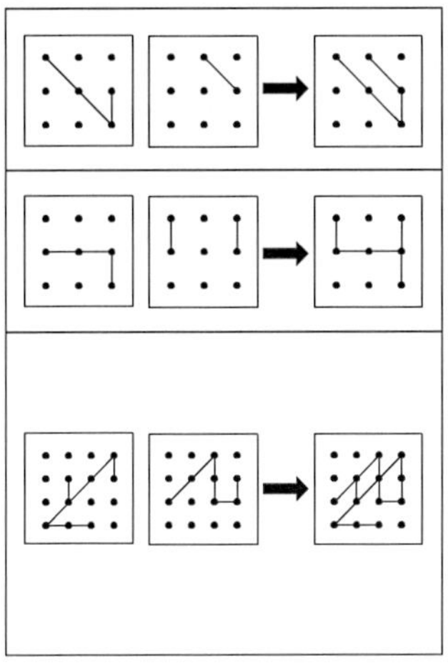

[2019年度出題]

学習のポイント

本問のように実際に描かせる重ね図形の問題の場合、２つの形を重ねたイメージができれば簡単に答えられますが、こうした問題に慣れていないお子さまにはなかなか難しいことかもしれません。そこで、完成形が思い浮かべられないお子さまは、作業を切り分けて解答しましょう。この問題で言うと、①左の四角の線を右の四角に描く、②真ん中の四角の線を右の四角に描く、という２つのステップで解答するわけです。お手本を見ながら解答するので間違えることはないでしょう。ただし、この解き方には２つ問題があります。１つは選択肢から正解の重ね図形を選ぶという問題には通用しないこと。１つは重ね図形とはどういうものかを理解しなくても解答できてしまうということです。「２つの図形を重ねたらこうなる」というイメージをしないと解けない問題が出題されることもあるので、「イメージ」は将来につながる学習という意味でも必要なものです。保護者の方は、そういった認識を持った上でこの問題を解説し、指導してください。

【おすすめ問題集】
Ｊｒ・ウォッチャー１「点・線図形」、35「重ね図形」

問題31　分野：言語（言葉の音）　語彙

〈準備〉　鉛筆

〈問題〉　（問題31－１の２問は、試験では練習問題として例示されました）
絵の下にある丸は、それぞれの名前の音（おん）を表しています。左の絵の黒丸に当てはまる音をつなげると、どんな言葉になるでしょうか。右の四角の中から選んで、絵の下の四角に○を書いてください。

〈時間〉　30秒

〈解答〉　下図参照

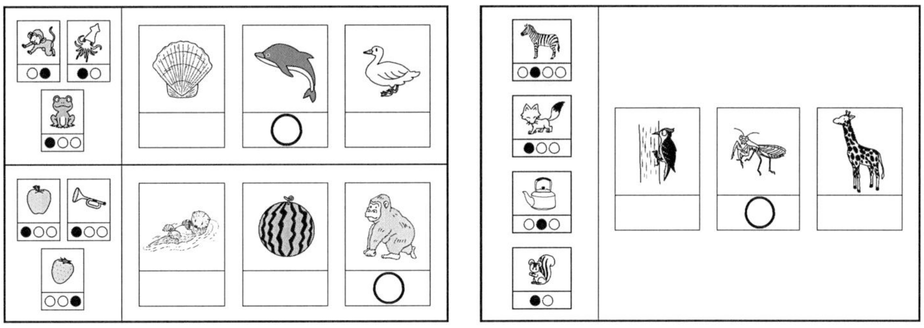

［2019年度出題］

学習のポイント

こういった出題方法に慣れていないと、何を問われているのかがわかりにくいかもしれません。はじめに例題が示されるので、問題をよく聞いて解答するようにしましょう。頭音（言葉のはじめの音）・尾音（言葉の最後の音）つなぎと同じ形の問題なのですが、つなげる音が、頭音（尾音）だけというように統一されていないので、少し難しく感じるかもしれません。選択肢はありますが、そこから選ぶというよりも、当てはまる音から言葉を考えて選択肢を見た方が、迷わずに答えることができるでしょう。たいていの場合、正解に似たような言葉が選択肢の中にあります。どんな言葉かがあいまいのまま、選択肢を見てしまうと、似たような言葉に引っかかってしまいます。そうしたこと避けるためにも、まず正解の言葉を組み立ててから、選択肢を見るようにしましょう。

【おすすめ問題集】
Ｊｒ・ウォッチャー17「言葉の音遊び」、18「いろいろな言葉」、
60「言葉の音（おん）」

問題32　分野：図形（同図形探し）

観察　集中

〈準 備〉　鉛筆

〈問 題〉　（問題32－1の2問は、試験では練習問題として例示されました）
上の形と同じものを、下の四角の中から探して○をつけてください。

〈時 間〉　各45秒

〈解 答〉　下図参照

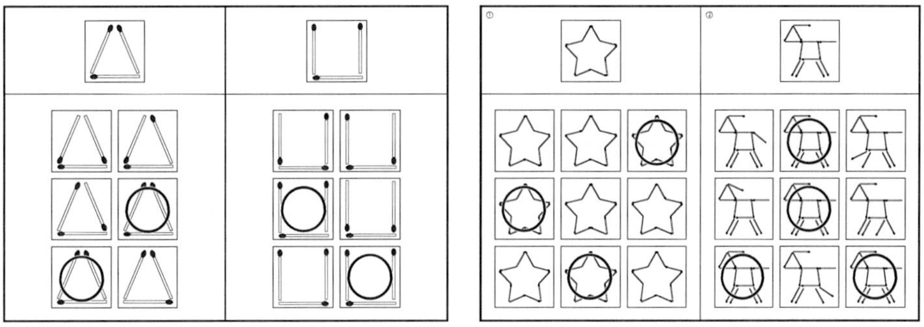

［2019年度出題］

学習のポイント

同図形探しの問題ではありますが、①などは特に、パッと見て正解が見つかる問題ではありません。形はすべて同じ星の形で、マッチ棒の向きだけが違うという、細かい間違い探し的な問題になっています。正解が何個あるかも示されていないので、すべてに目を通さなければいけません。正解の形を覚えて下の9つの選択肢を見ることが理想ではありますが、現実的には正解と見比べながら、1つひとつ確認していくことになると思います。時間との勝負ということになるでしょう。①に比べれば、②はやさしい問題に見えてしまいますが、大きく形が違うわけではないので、気を抜かずに確認をしながら正解を選ぶようにしてください。当校の同図形探しは、前年度に続いて独特な形の問題になっているので、さまざまな同図形探しに取り組んで、幅広い対応力を身に付けるようにしておきましょう。

【おすすめ問題集】
Ｊｒ・ウォッチャー４「同図形探し」

問題33　分野：常識（時間の流れ）

知識　考え

〈準 備〉　鉛筆

〈問 題〉　（上の段の問題は、試験では練習問題として例示されました）
４枚の絵を時間の流れに沿って並べた時、左の絵の次になるものはどれでしょうか。右の四角の中から選んで、絵の下の四角に○を書いてください。

〈時 間〉　30秒

〈解 答〉　下図参照

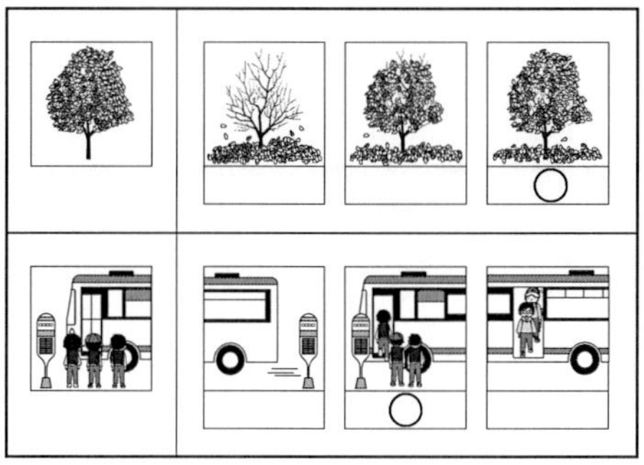

［2019年度出題］

学習のポイント

状況を説明すると、左から①「バスを待っている」、②「バスが出発する」、③「バスに乗る」、④「バスを降りる」ということになります。問題は左の絵の次になるものを選ぶので、真ん中が正解になります。４枚の絵の順番は、①→③→②→④が正しいと思われますが、①→③→④→②でも成り立ちます。その意味では、時間の流れも含めて、バスに乗ったことがあるかどうかの経験が問われているとも言えます。木から葉が落ちるという例題では、絵を見ただけで、「葉が木にある」→「葉が落ちる」という、時間の流れを想像することができますが、バスに乗った経験がなければ、本問で正解にたどり着くことは難しいでしょう。そうした経験や体験を多く積んできてほしいという学校の思いが、こうした問題につながっているいると考えることができます。

【おすすめ問題集】
Ｊｒ・ウォッチャー12「日常生活」、13「時間の流れ」

問題34　分野：行動観察

協調　聞く

〈準　備〉　赤青鉛筆、赤と青の四角がたくさん描かれた白い紙（お手本）、色の塗られていない四角がたくさん描いてある白い紙

〈問　題〉　この問題の絵はありません。
（３人程度のグループで行う）
①はじめに「お願いします」と言ってみんなと握手をしましょう。できたら「ありがとうございました」と言って握手をしましょう。
②お手本と同じになるように、赤青鉛筆で色を塗ってください。３人でいっしょに１枚の紙に色を塗りましょう（赤青鉛筆、お手本ともに１人１つ渡す）。
③お手本と同じになるように、赤青鉛筆で色を塗ってください。３人でいっしょに１枚の紙に色を塗りましょう（赤青鉛筆は３人で２本、お手本は１人１枚渡す）。
④最後に「終わりました」という人を、グループで話し合って決めてください。

〈時　間〉　10分程度

〈解　答〉　省略

［2019年度出題］

学習のポイント

本問で観られているポイントは協調性のみと言ってもよいでしょう。３人で１枚の紙に色を塗ったり、③では３人に２本しか赤青鉛筆を渡してくれなかったりします。こうした状況の中で、みんなが協力して課題を完成させるためには、協調性は欠かすことができません。紙を１人占めしてしまったり、赤青鉛筆を渡さなかったりしたら、どれだけ課題がうまくできたとしても評価は最低に近いものになってしまうでしょう。それ以外にも「お願いします」「ありがとうございました」「終わりました」といった、あいさつや報告など、指示がいくつもあります。「ちゃんと話を聞く」「しっかり理解する」「指示通りに行動する」ということができることが行動観察の基本となります。逆に言えば、これらのことができていればよいのです。課題に対する対策を細かく考えても、あまり意味はないでしょう。

【おすすめ問題集】
新口頭試問・個別テスト問題集、新ノンペーパーテスト問題集
Ｊｒ・ウォッチャー29「行動観察」

問題35　分野：口頭試問

話す　公衆

〈準 備〉　なし

〈問 題〉　（教室の外に先生が座っていて、１人ずつ呼ばれて質問される）
①（問題35-１の絵を見せる）
お友だちの家で勉強している時、消しゴムを忘れたことに気付きました。お友だちは消しゴムを使っています。あなただったら何と言いますか。
②（問題35-２の絵を見せる）
鬼ごっこをしていてお友だちを追いかけていたら、お友だちが転んでしまいました。あなただったら何と言いますか。
③あなたのよいところを先生に教えてください。

〈時 間〉　５分程度

〈解 答〉　省略

［2019年度出題］

学習のポイント

口頭試問ですが、面接に近い形の課題と言えるでしょう。正解を求めるような問題ではなく、コミュニケーション能力が問われるものとなっています。こうした問題では、受験知識やハウツーなどは通用しにくいものです。過去にどういった出題がされているかといった傾向を知ることは必要なことではありますが、その答えを覚えることに意味はありません。お子さまがこれまでに積み重ねてきた経験から、正しいと思う答えを先生に説明しなければいけないのです。どういった答えかという内容の部分も重要ですが、どんな言葉で伝えるかというところも大切なポイントです。その伝え方を観るのが口頭試問ということです。先生ときちんと話ができるかどうかも、コミュニケーション能力の一部と言えるでしょう。

【おすすめ問題集】
新口頭試問・個別テスト問題集、新ノンペーパーテスト問題集

問題36　分野：数量（同数発見）

観察　考え

〈準 備〉　鉛筆

〈問 題〉　真ん中の四角に描いてあるものの中で、左の四角にあるものと同じ数のものはどれですか。それを見つけて、右側の絵の下の四角に○を書いてください。１枚目が終わったら、２枚目も同じように答えてください。

〈時 間〉　各30秒

〈解 答〉　①上　②下　③下　④上

［2018年度出題］

学習のポイント

「同数発見」の問題です。基礎的な内容なので、特に注意することはありません。ここでの観点は、「違うものでも数は同じ」ということが理解できるかということだけでしょう。①で言えば、「クジラとイルカは大きさは違うが同じ３頭」ということがわかるかどうかです。小学校受験では、「10までの数の概念を身に付ける必要がある」と言われますが、これには２つの集合の多少（左側に描いてあるものと、中央に描いてあるものの数を比較する）がわかるということも含まれます。また、大人にとって「大きさや形が違っても同じ数」ということを理解することは難しいことではありませんが、数の感覚が身に付いていないお子さまにとっては不思議に感じることもあると思います。お子さまにまだ、そういった感覚が身に付いていないと思われるようなら、お菓子や花などを生活の場面で「数える」機会を用意してください。

【おすすめ問題集】

Ｊｒ・ウォッチャー36「同数発見」、37「選んで数える」

問題37　分野：推理（系列）

観察　考え

〈準備〉　鉛筆

〈問題〉　お約束にしたがって形が並んでいます。空いているマスに入る形を、下の四角の中から選んで○をつけてください。

〈時間〉　各20秒

〈解答〉　①右から２番目（☆）　②左から２番目（◎）

[2018年度出題]

学習のポイント

系列は並び方の「きまり」を「見つける」問題です。小学校受験のハウツーとしては、同じ記号や絵を探してそれぞれ別の指でおさえ、その指の間隔を保ったまま、空欄に一方の指を移動させて解答を導くという方法があります。この方法は、問題の考え方を知る上では有効ですが、複雑な系列の問題には対応できないため、約束を見つける方法で解くように指導してください。例えば、円に並んだ系列になると、このハウツーは通用せず、正解することが難しくなります。系列の問題は当校でここ数年頻出していますが、基本は「お約束」「パターン」を発見し、正解にたどり着くということです。類題をこなし、その考え方に慣れることで、小学校入学後にも役に立つ、論理的な考え方が身に付きます。

【おすすめ問題集】

Ｊｒ・ウォッチャー６「系列」

問題38　分野：言語（言葉の音）

語彙

〈準 備〉　鉛筆

〈問 題〉　絵の右側にある丸は、それぞれの名前の音（おん）を表しています。１番左の絵の黒丸に当てはまる音と同じ音に黒丸が当てはまる絵はどれですか。右側から探して、その下の四角の中に○を書いてください。

〈時 間〉　各30秒

〈解 答〉　①左、右　②真ん中、右

［2018年度出題］

学習のポイント

小学校入試における、言語分野の問題は、「文字が読めない」という前提で出題されます。ですから、ここでは絵を見て、それを表す言葉を知っていないと答えることができないということになります。もっとも、出題される言葉は年齢相応の語彙があればわかるものです。例外はありますが、日常生活の中で見るものばかりと言ってよいでしょう。こうした言語問題の対策は、特別な学習方法ではなく、生活の場面で保護者の方がお子さまの語彙が豊かになるように誘導することです。例えば、お子さまが「ほうき」に興味を持ったなら、「ほうき」と対になる「ちりとり」や、同じ掃除道具である「ぞうきん」「掃除機」「モップ」なども見せるといったことです。なお、生活用品は地域や家庭によって呼び名が違うことがあります。言語の問題では正解のための重要な要素になりますから、標準的な名前をお子さまに教えてください。

【おすすめ問題集】

Ｊｒ・ウォッチャー17「言葉の音遊び」、18「いろいろな言葉」、
60「言葉の音（おん）」

問題39　分野：常識（時間の流れ、季節）

知識

〈準 備〉　鉛筆

〈問 題〉　**この問題の絵は縦に使用してください。**
①②③４枚の絵があります。これらの絵を、時間の経過順に並べた時、１番左の絵の次に来る絵はどれですか。選んで○をつけてください。
④夏の季節の絵はどれですか。選んで○をつけてください。

〈時 間〉　各20秒

〈解 答〉　①左　②右　③右　④右端（七夕）

［2018年度出題］

学習のポイント

①②③は「時間の流れ」の常識問題です。４枚の絵を見て時間の経過とともにどのように変化したかを考えるわけですが、１番左側の絵が必ずしも流れの最初に来る絵とは限らないことに注意してください。よく出題されるものとして、「動植物の成長」「化学変化（ろうそくが燃える、氷が溶けるなど）」などがあります。体験があれば特に対策は必要ありませんが、お子さまにそういった体験が少ないと感じられるなら、保護者の方がそういった機会を設けてあげてください。④は季節の行事の問題です。この問題についても同じ考え方で対策学習をしましょう。ご家庭の環境によっては季節の風物詩的な行事を行っていないケースもあるでしょうが、体験させることによってはじめて知識になることも多くあります。季節の行事はお子さまの学習にとっては大切な要素と考えてください。

【おすすめ問題集】

Ｊｒ・ウォッチャー12「日常生活」、13「時間の流れ」、27「理科」、34「季節」、55「理科②」

問題40　分野：図形（同図形探し）　観察　集中

〈準備〉　鉛筆

〈問題〉　上の段の四角と同じものを下から探して○をつけてください。四角は回したり、ひっくり返してはいけません。

〈時間〉　各１分

〈解答〉　下図参照

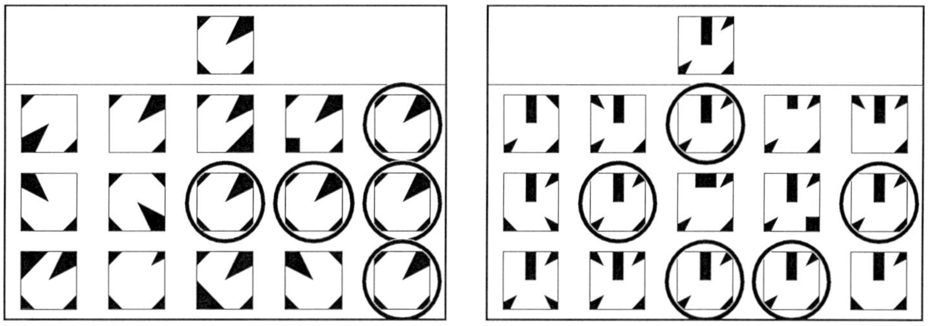

［2018年度出題］

学習のポイント

図形分野「同図形探し」の問題です。まず、四角の中に書いてあるものの形や大きさなどでチェックして、同じものを選ぶわけですが、「回しても、ひっくり返してもいけません」とあるので、要素は同じでも図形の向きが違っていれば違う図形とされる点に注意が必要です。また、選択肢の数が多い割に解答時間が短いので、「選択肢の図形を１つ見ては見本と見比べる→次の選択肢の図形を見本と見比べる」ということを繰り返していては時間が足りなくなってしまいます。ここでは見本の図形のわかりやすい特徴をとらえ、明らかに違う図形を一瞬で判断できる観察力が必要になります。図形の特徴をとらえる力は、類題を多く解くことによって身に付くものです。図形を観察することを意識しながら、数多くの図形に触れるようにしてください。

【おすすめ問題集】

Ｊｒ・ウォッチャー４「同図形探し」

福岡教育大学附属小学校　専用注文書

年　　月　　日

合格のための問題集ベスト・セレクション

＊入試頻出分野ベスト３

1st　数　量　観察力　集中力

2nd　図　形　観察力　考える力

3rd　常　識　知識　公衆

一部を除いてそれほど難しくはないので、基礎をしっかりと固めておけば充分に対応できる問題です。ただし、図形・数量において、細かな違いや数えにくい問題も出題されているので、そうした問題に対しては対策が必要になります。

分野	書　名	価格(税抜)	注文	分野	書　名	価格(税抜)	注文
図形	Ｊｒ・ウォッチャー１「点・線図形」	1,500円	冊	推理	Ｊｒ・ウォッチャー31「推理思考」	1,500円	冊
図形	Ｊｒ・ウォッチャー３「パズル」	1,500円	冊	常識	Ｊｒ・ウォッチャー34「季節」	1,500円	冊
図形	Ｊｒ・ウォッチャー４「同図形探し」	1,500円	冊	図形	Ｊｒ・ウォッチャー35「重ね図形」	1,500円	冊
推理	Ｊｒ・ウォッチャー６「系列」	1,500円	冊	数量	Ｊｒ・ウォッチャー36「同数発見」	1,500円	冊
常識	Ｊｒ・ウォッチャー11「いろいろな仲間」	1,500円	冊	数量	Ｊｒ・ウォッチャー37「選んで数える」	1,500円	冊
常識	Ｊｒ・ウォッチャー12「日常生活」	1,500円	冊	言語	Ｊｒ・ウォッチャー49「しりとり」	1,500円	冊
常識	Ｊｒ・ウォッチャー13「時間の流れ」	1,500円	冊	常識	Ｊｒ・ウォッチャー55「理科②」	1,500円	冊
数量	Ｊｒ・ウォッチャー14「数える」	1,500円	冊	言語	Ｊｒ・ウォッチャー60「言葉の音（おん）」	1,500円	冊
言語	Ｊｒ・ウォッチャー17「言葉の音遊び」	1,500円	冊		新口頭試問・個別テスト問題集	2,500円	冊
言語	Ｊｒ・ウォッチャー18「いろいろな言葉」	1,500円	冊		新ノンペーパーテスト問題集	2,600円	冊
巧緻性	Ｊｒ・ウォッチャー22「想像画」	1,500円	冊				
巧緻性	Ｊｒ・ウォッチャー24「絵画」	1,500円	冊				
常識	Ｊｒ・ウォッチャー27「理科」	1,500円	冊				
観察	Ｊｒ・ウォッチャー29「行動観察」	1,500円	冊				

合計	冊	円

（フリガナ） 氏　名	電　話 ＦＡＸ E-mail
住 所　〒　　　－	以前にご注文されたことはございますか。 有　・　無

★お近くの書店、または記載の電話・FAX・ホームページにてご注文をお受けしております。
電話：03-5261-8951　FAX：03-5261-8953　代金は書籍合計金額＋送料がかかります。
※なお、落丁・乱丁以外の理由による商品の返品・交換には応じかねます。

★ご記入頂いた個人に関する情報は、当社にて厳重に管理致します。なお、ご購入の商品発送の他に、当社発行の書籍案内、書籍に関する調査に使用させて頂く場合がございますので、予めご了承ください。

日本学習図書株式会社
http://www.nichigaku.jp

問題1－1

れんしゅう

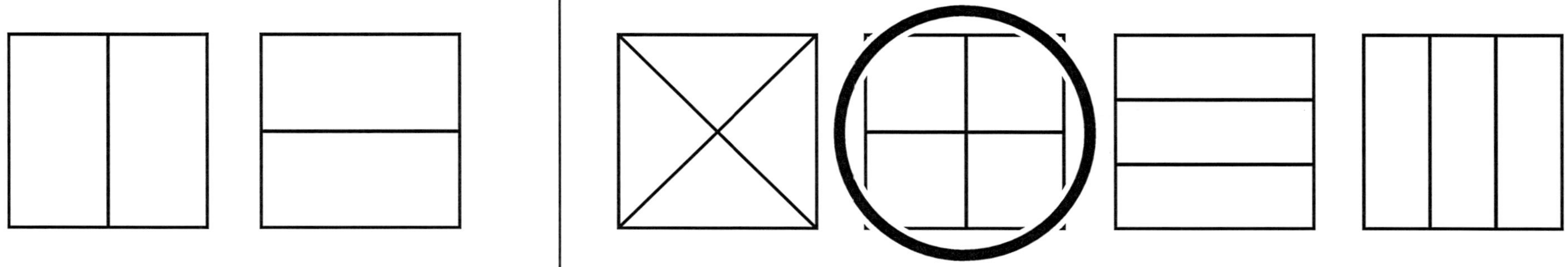

①

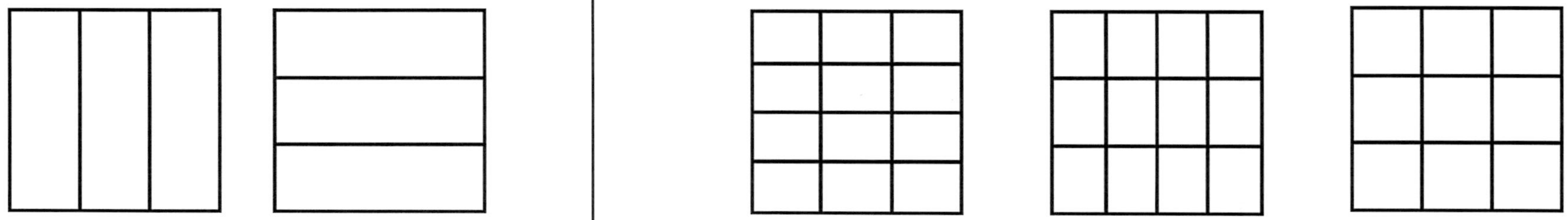

②

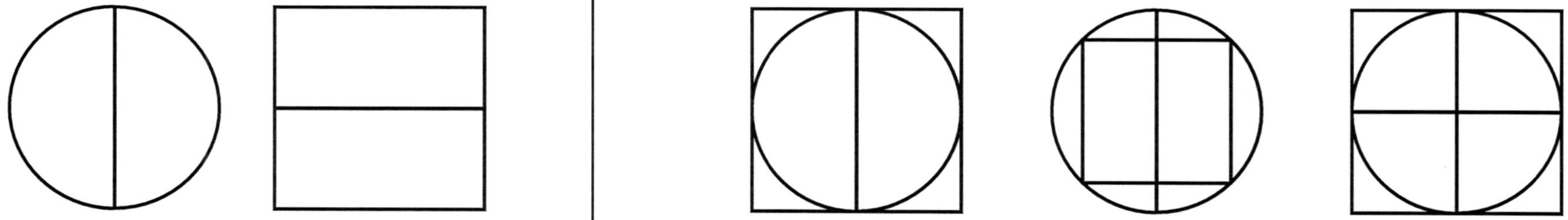

日本学習図書株式会社

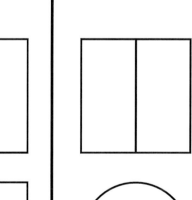

☆西南学院小学校

問題1－2

③

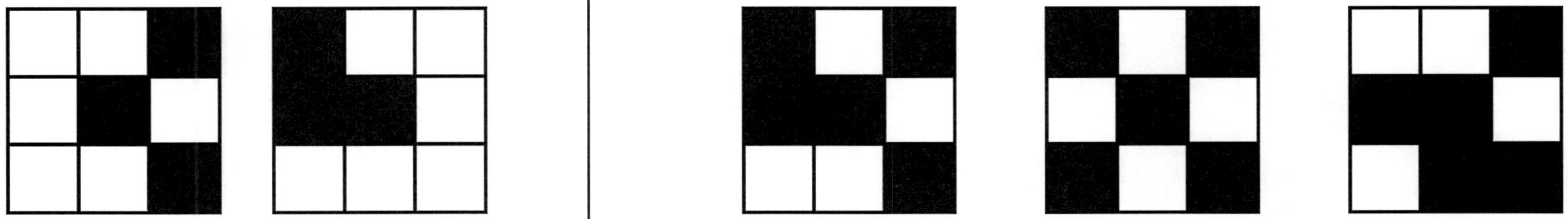

④

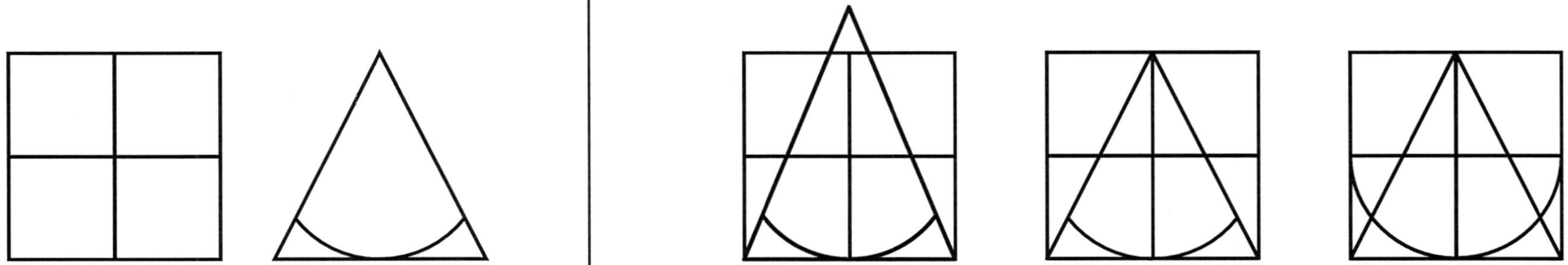

⑤

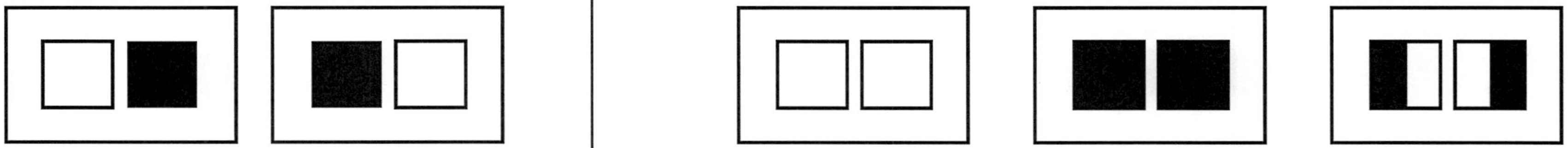

⑥

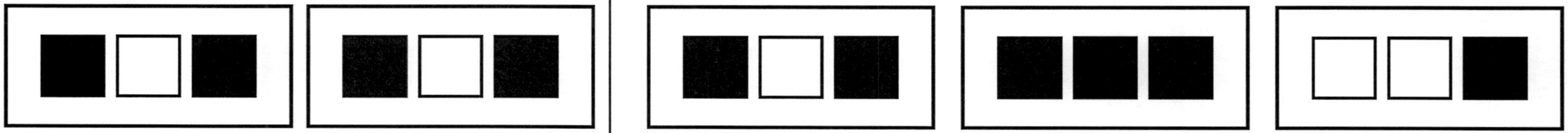

問題２－１

れんしゅう

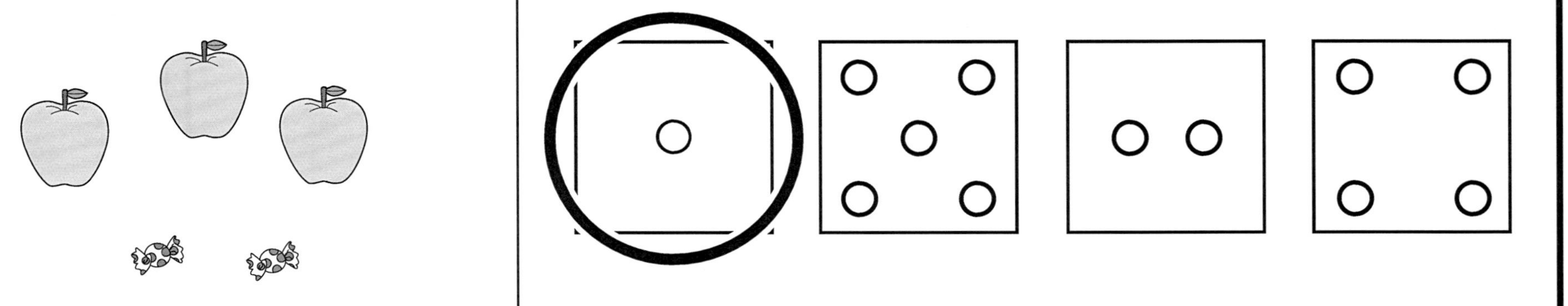

①

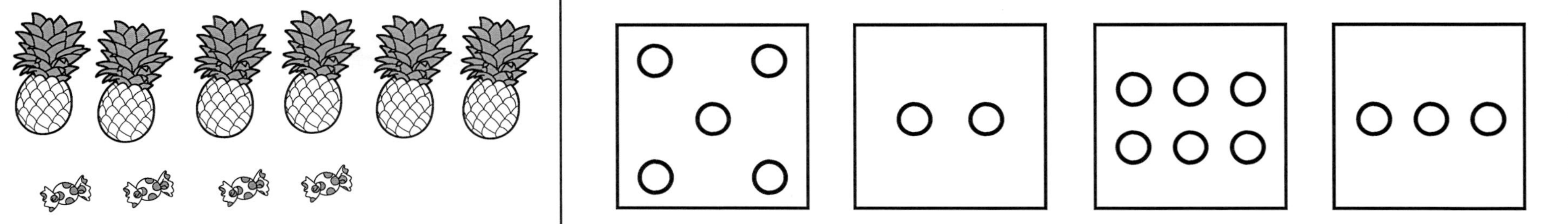

②

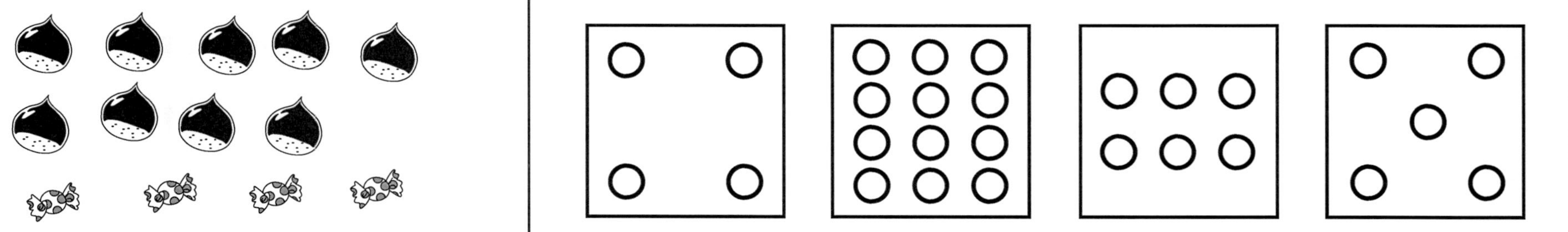

☆西南学院小学校

問題２－２

③

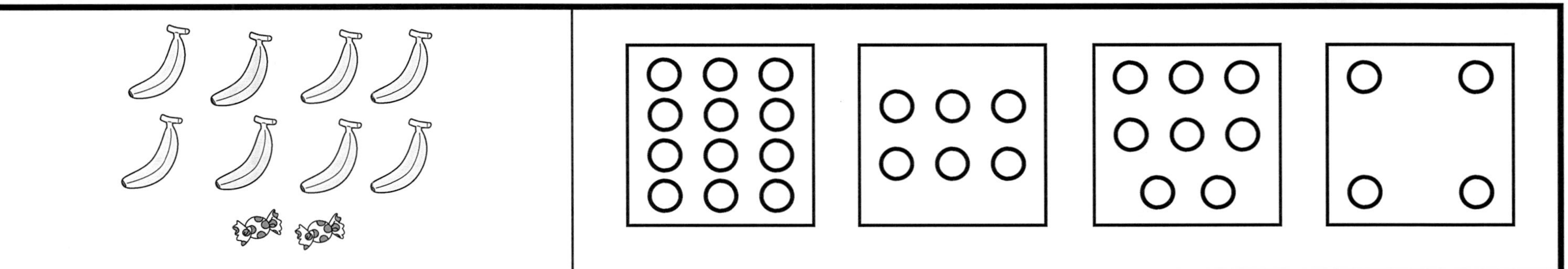

④

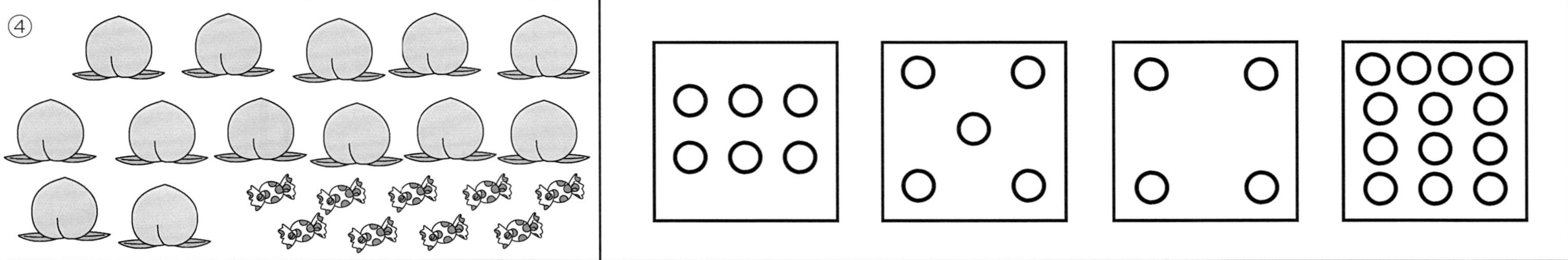

⑤

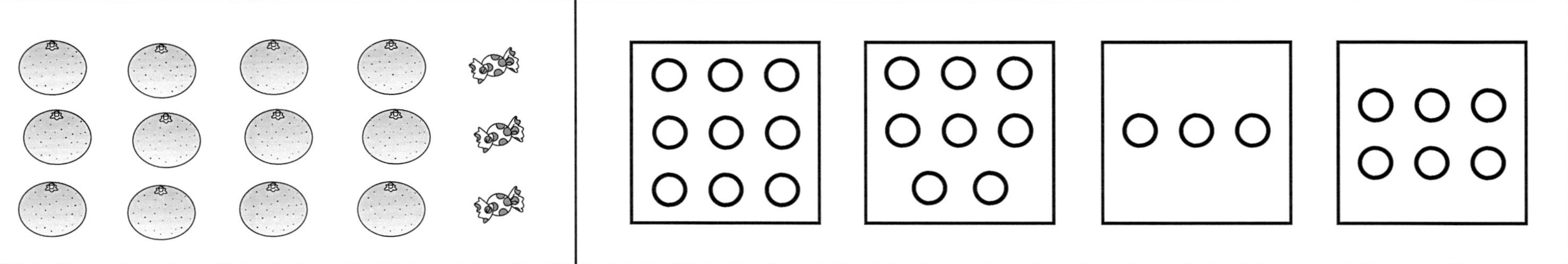

⑥

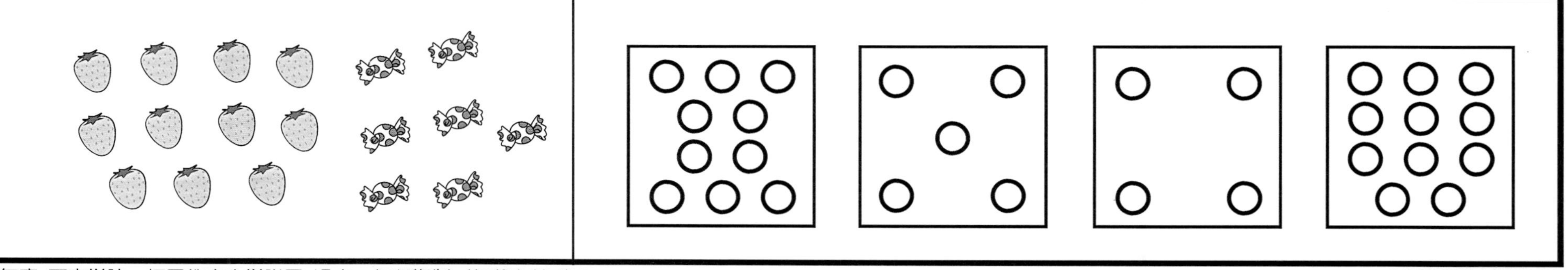

問題3

   日本学習図書株式会社

問題4

①

②

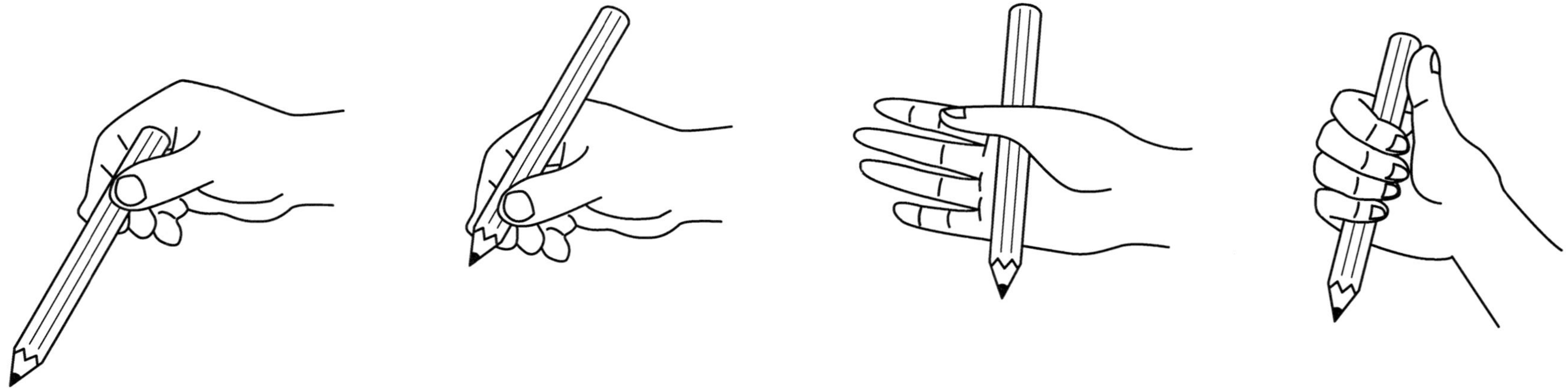

問題5

①

②

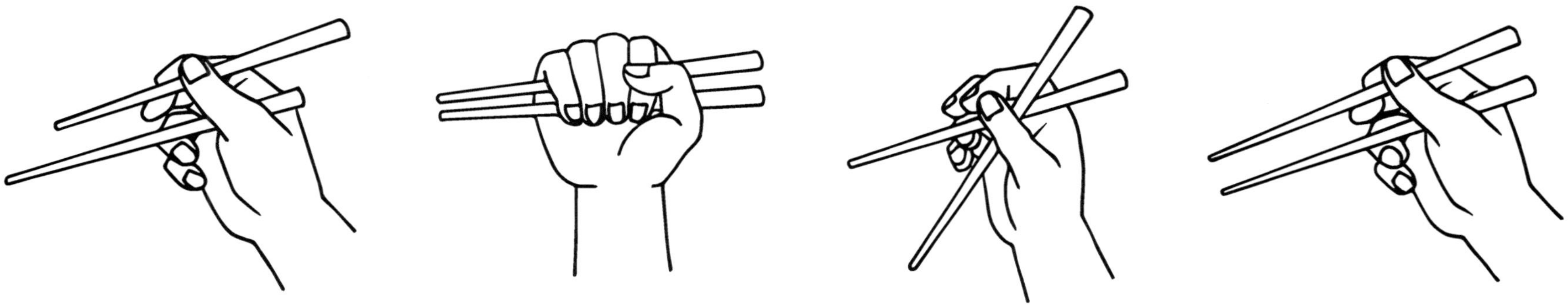

③

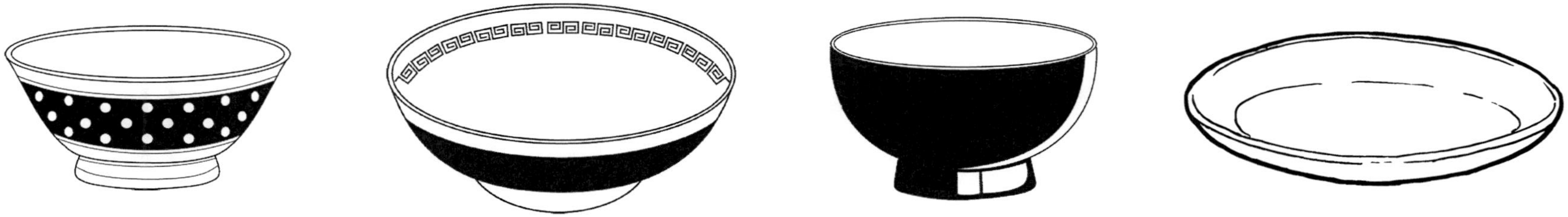

問題 6

   日本学習図書株式会社

☆西南学院小学校

問題７－１

①

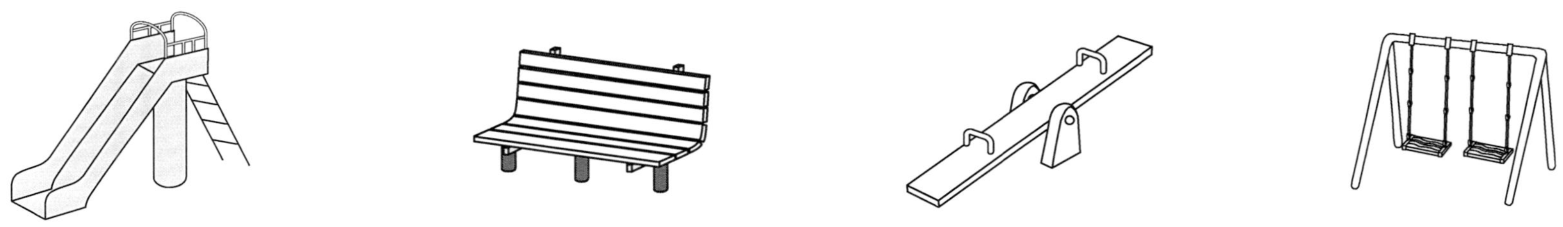

②

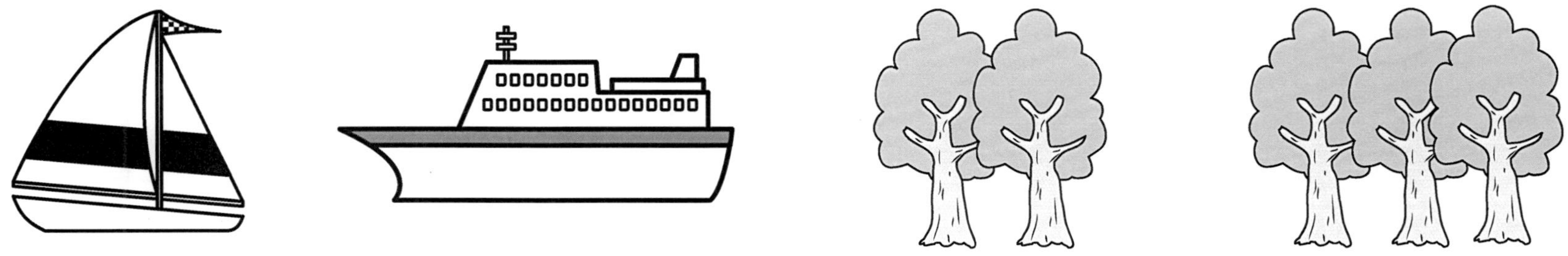

③

④

日本学習図書株式会社

問題 7 － 2

⑤

⑥

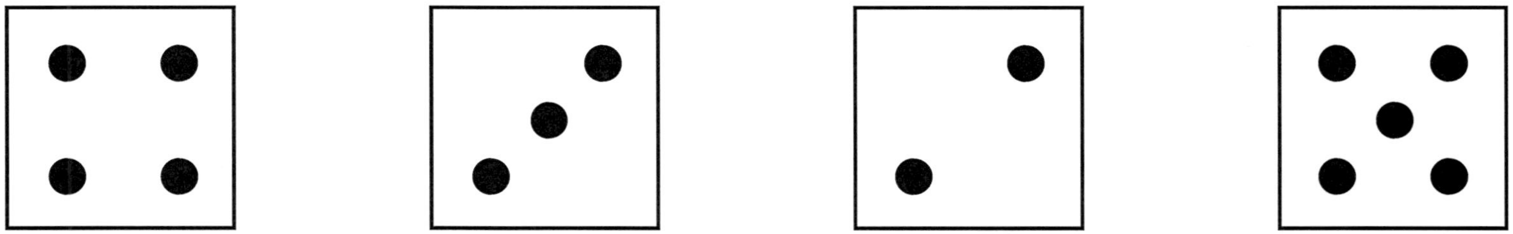

⑦

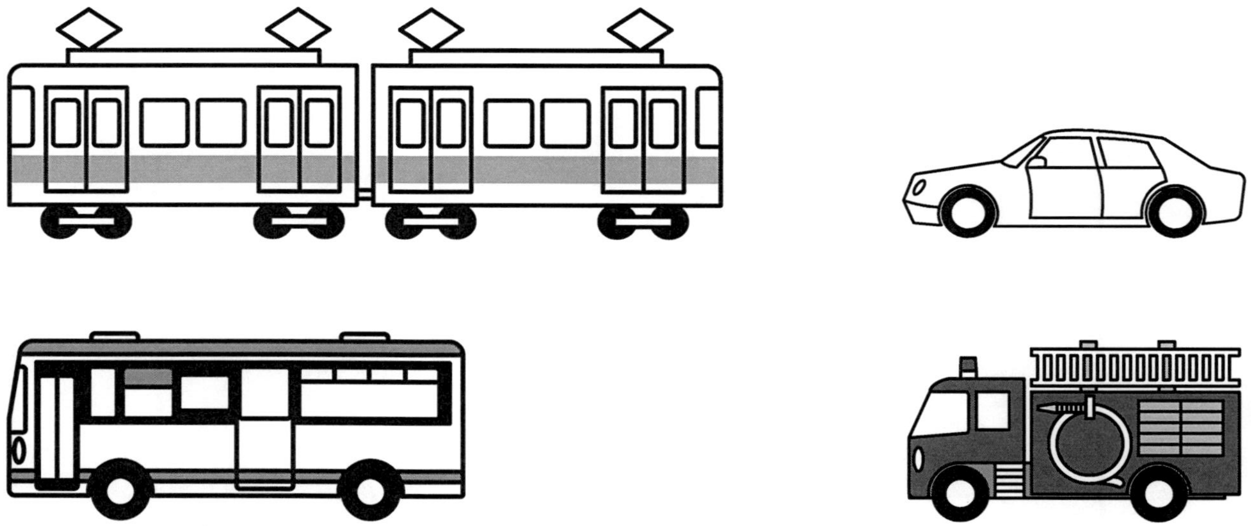

日本学習図書株式会社

☆西南学院小学校

問題8

日本学習図書株式会社

問題9

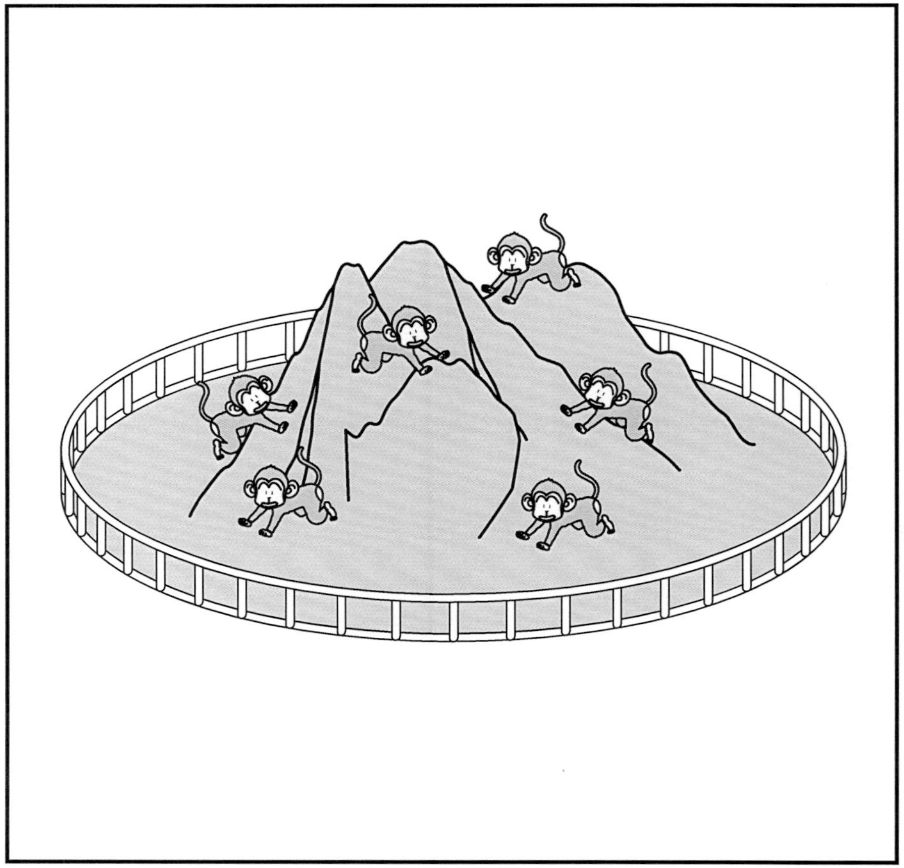

日本学習図書株式会社

2021年度 西西学院・福岡教育大学附属 過去　無断複製／転載を禁ずる　　日本学習図書株式会社

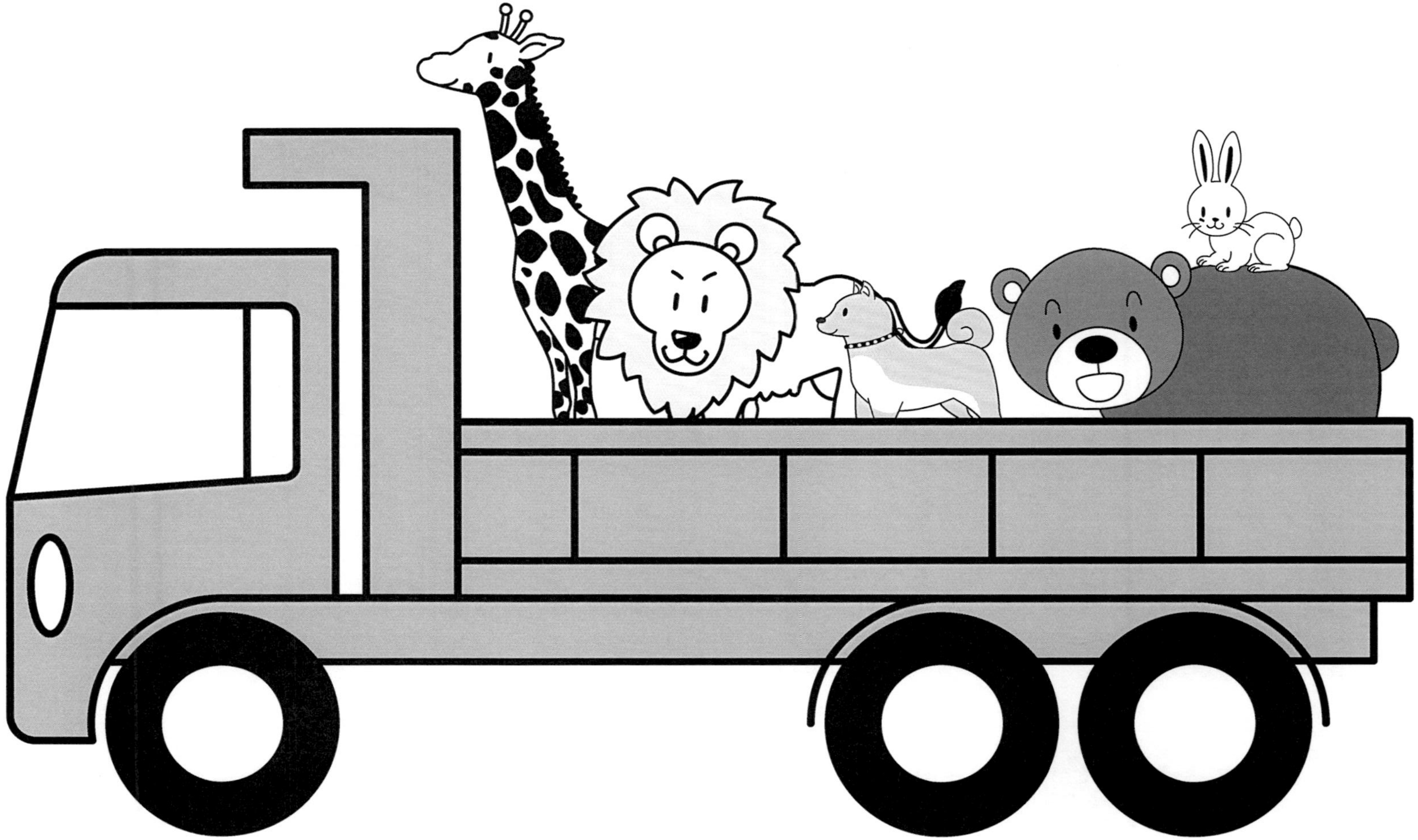

問題１３－２

問題１３－３

日本学習図書株式会社

問題１３－４

日本学習図書株式会社

問題１４

☆西南学院小学校

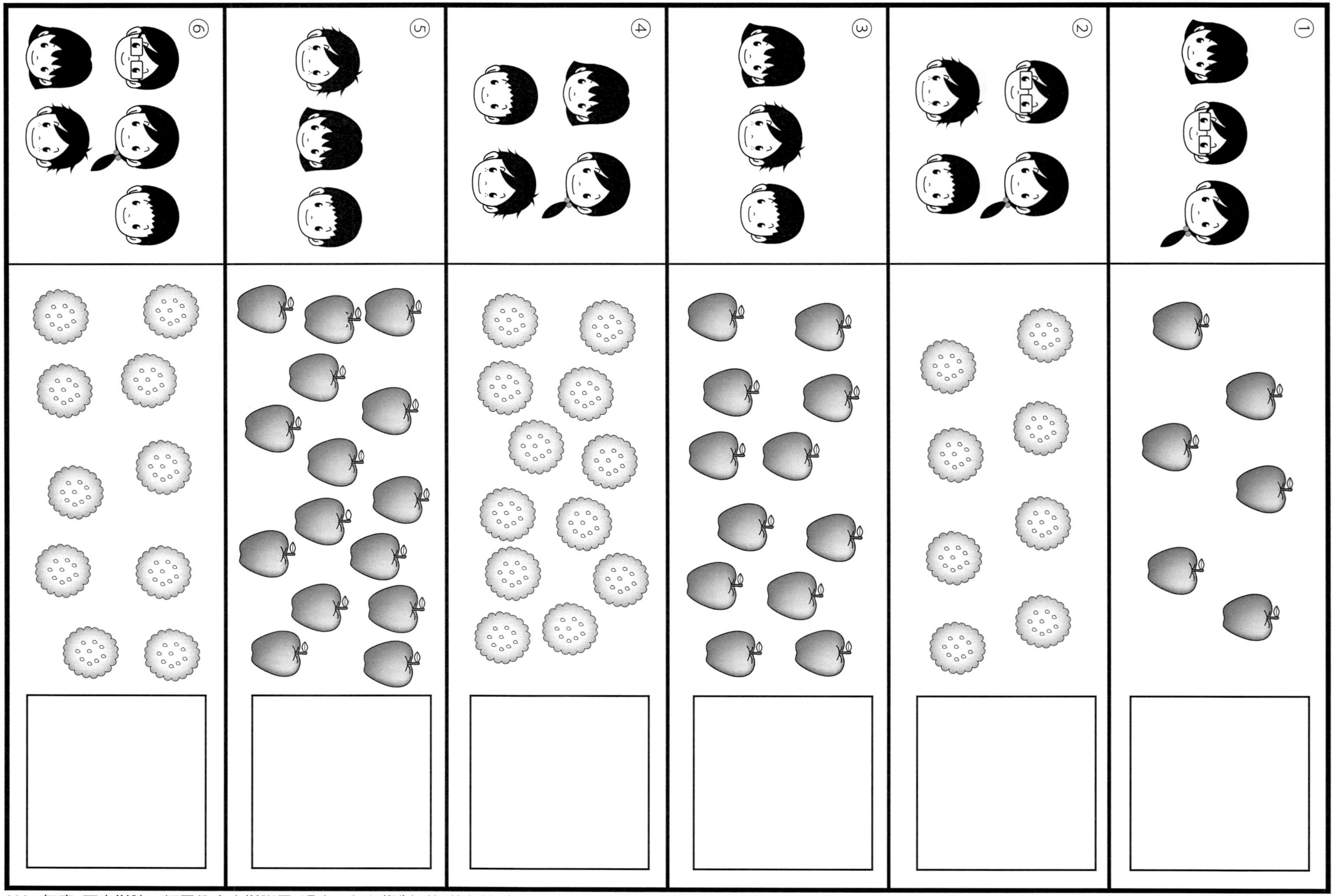

日本学習図書株式会社

☆西南学院小学校

問題１５

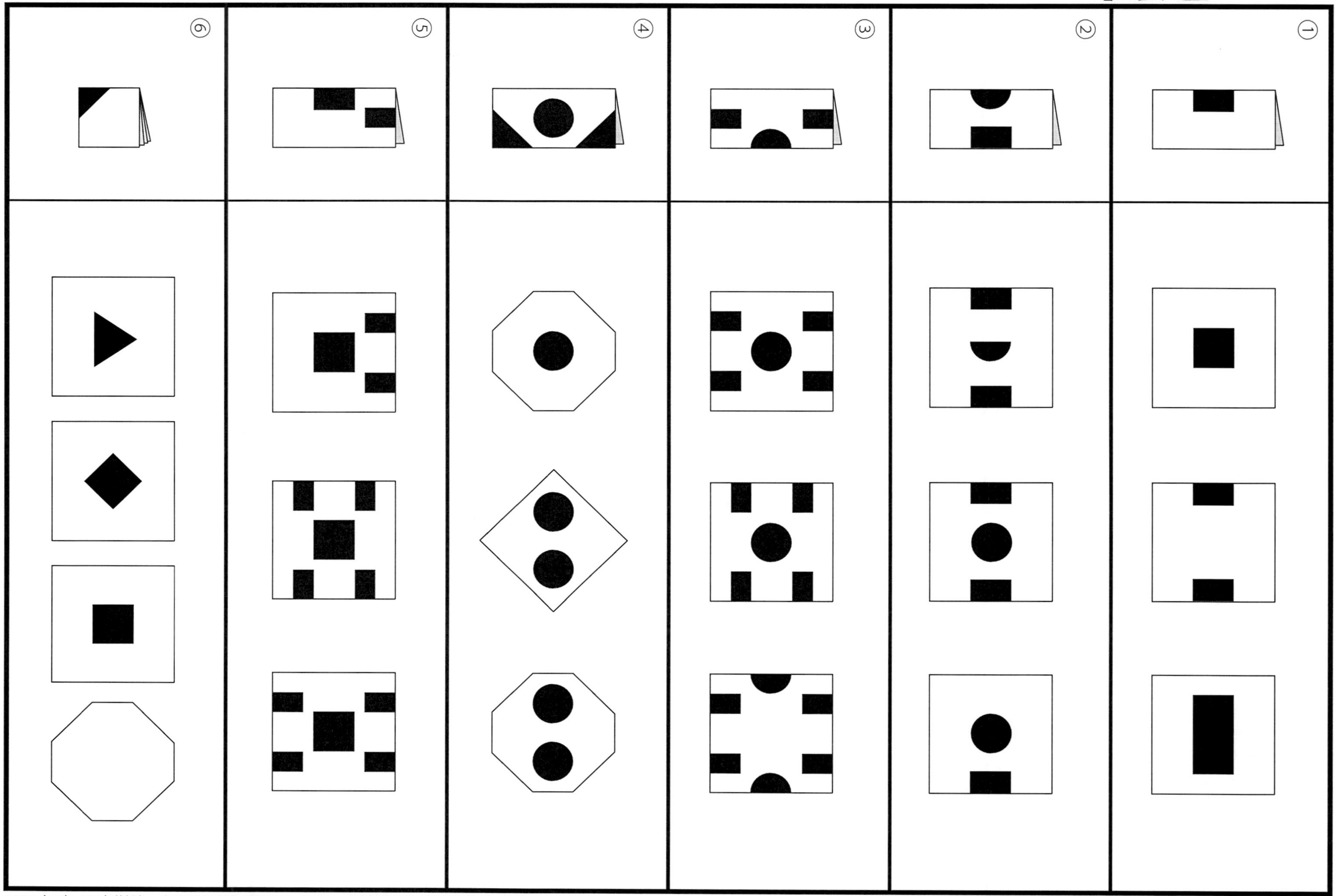

☆西南学院小学校

問題１６

☆西南学院小学校

問題１７

☆西南学院小学校

2021年度　西南学院・福岡教育大学附属　過去　無断複製／転載を禁ずる　　　　　日本学習図書株式会社

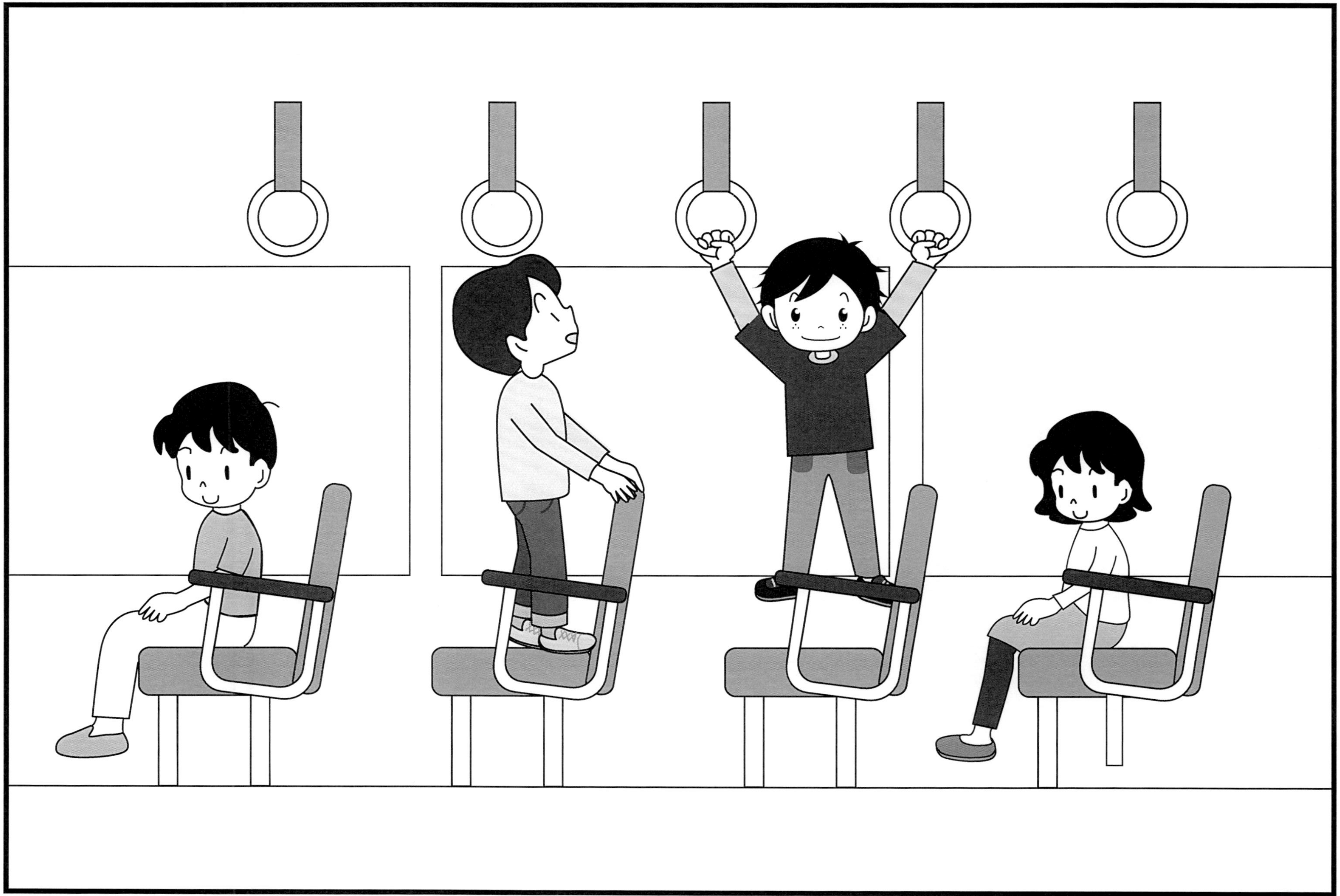

☆西南学院小学校

問題１９

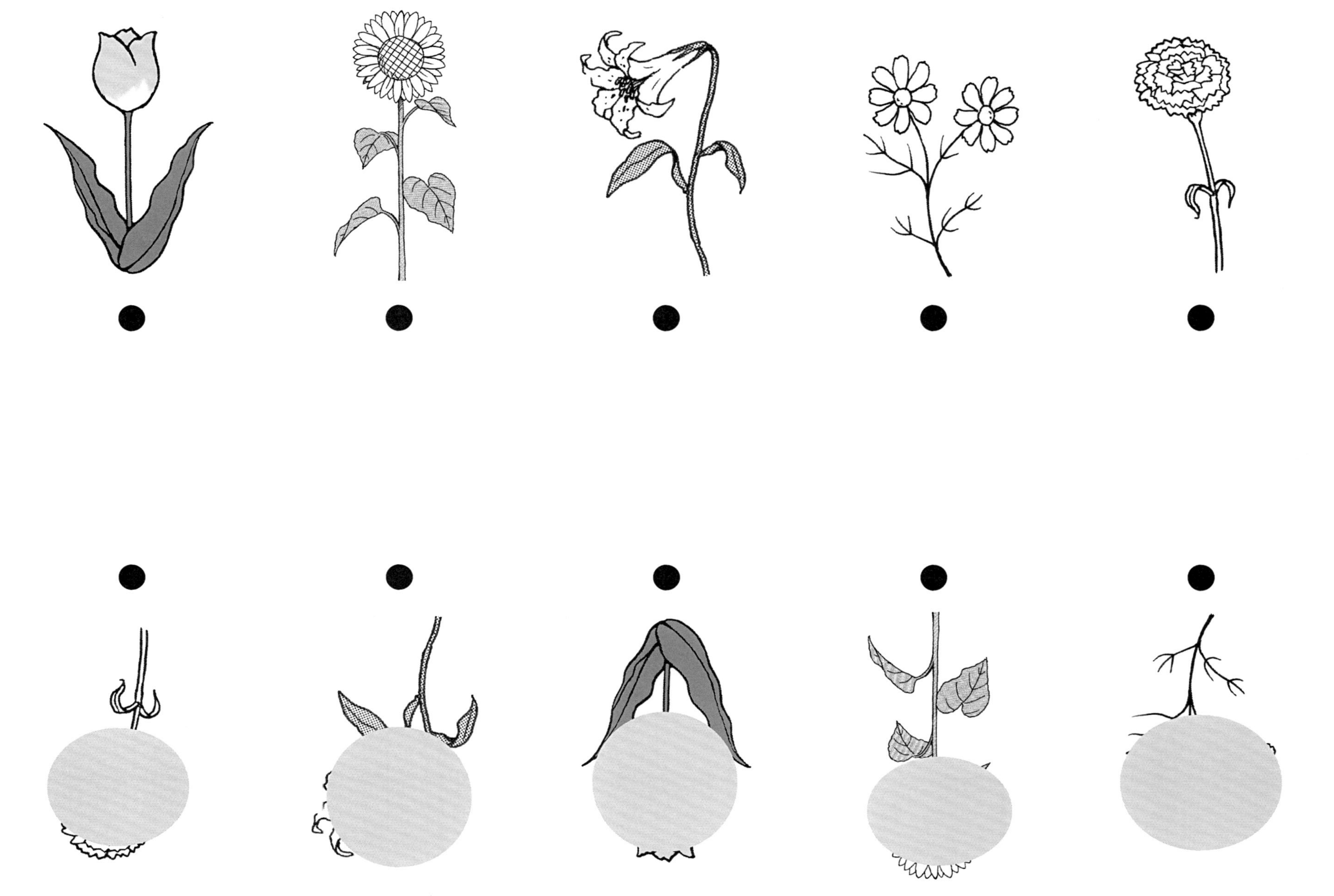

   日本学習図書株式会社

問題20

①

②

③

④

⑤

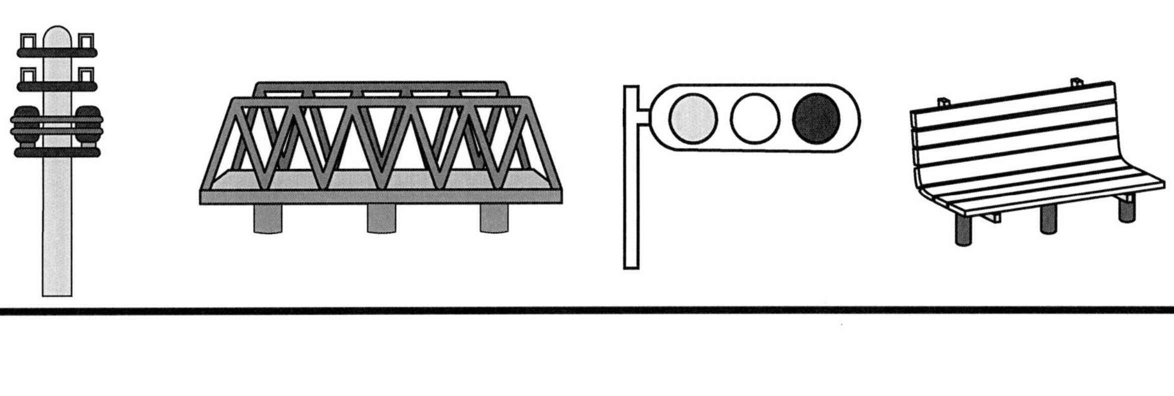

問題２１－１

れんしゅう

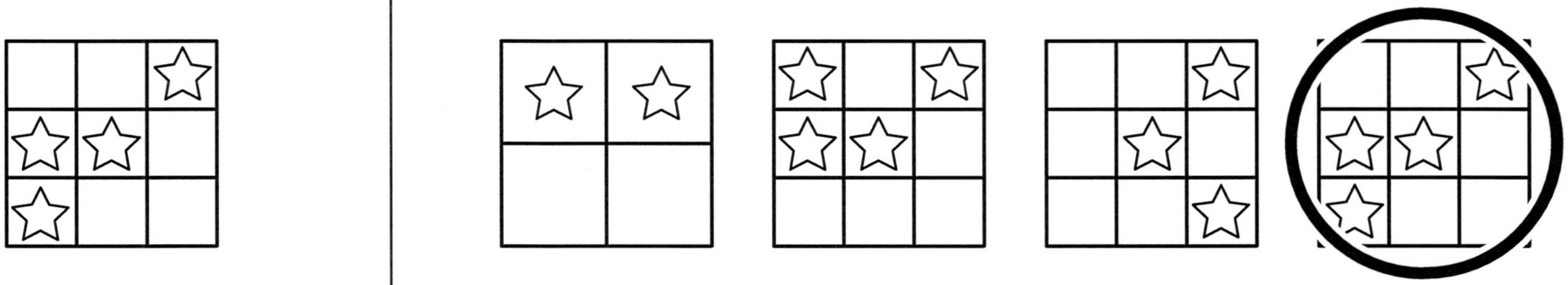

①

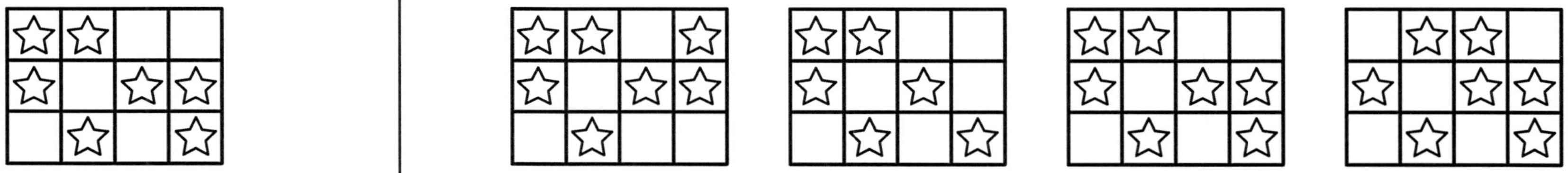

②

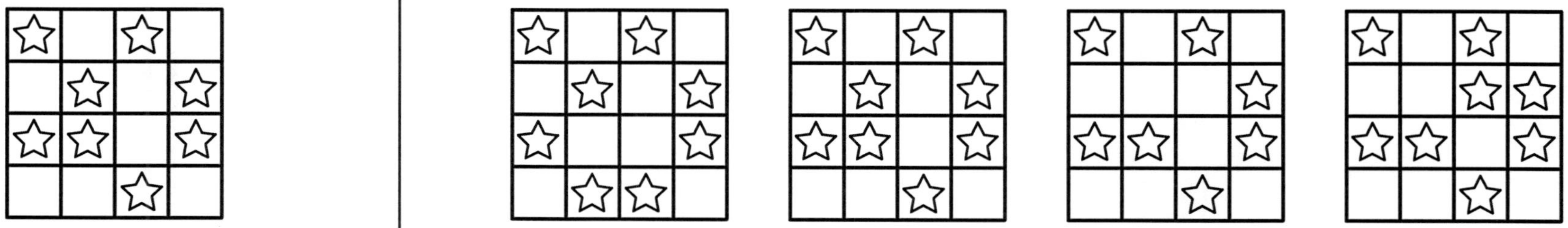

日本学習図書株式会社

☆福岡教育大学附属小学校

問題２１－２

③

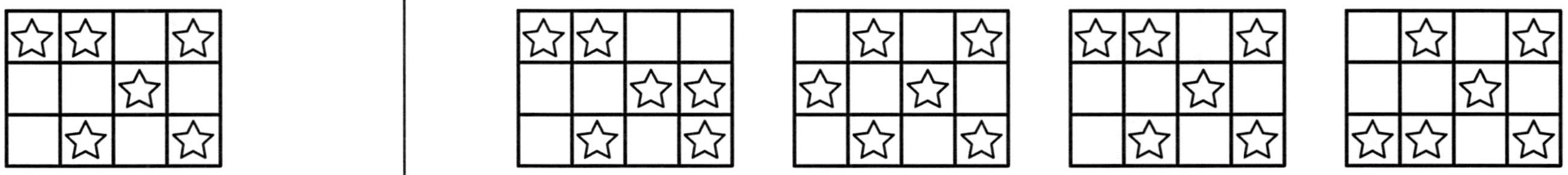

④

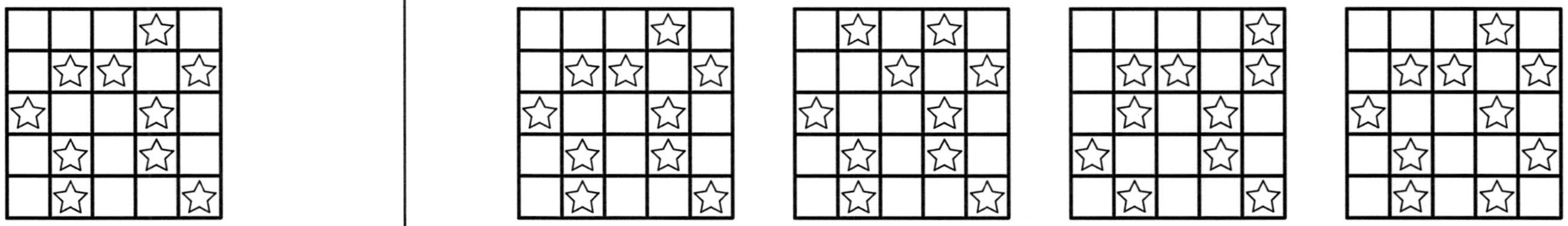

⑤

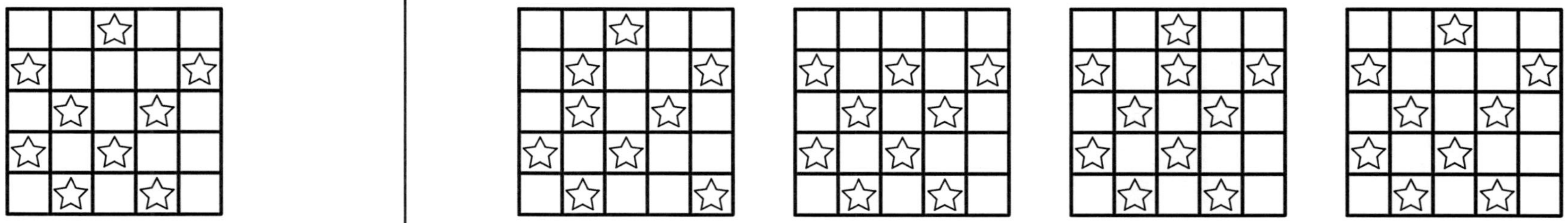

⑥

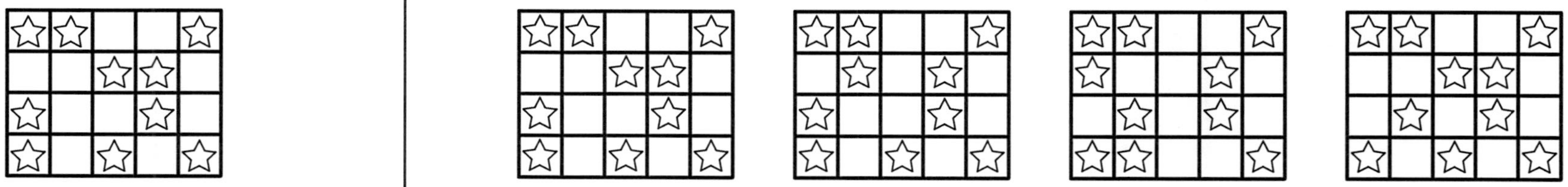

☆福岡教育大学附属小学校

問題22－1

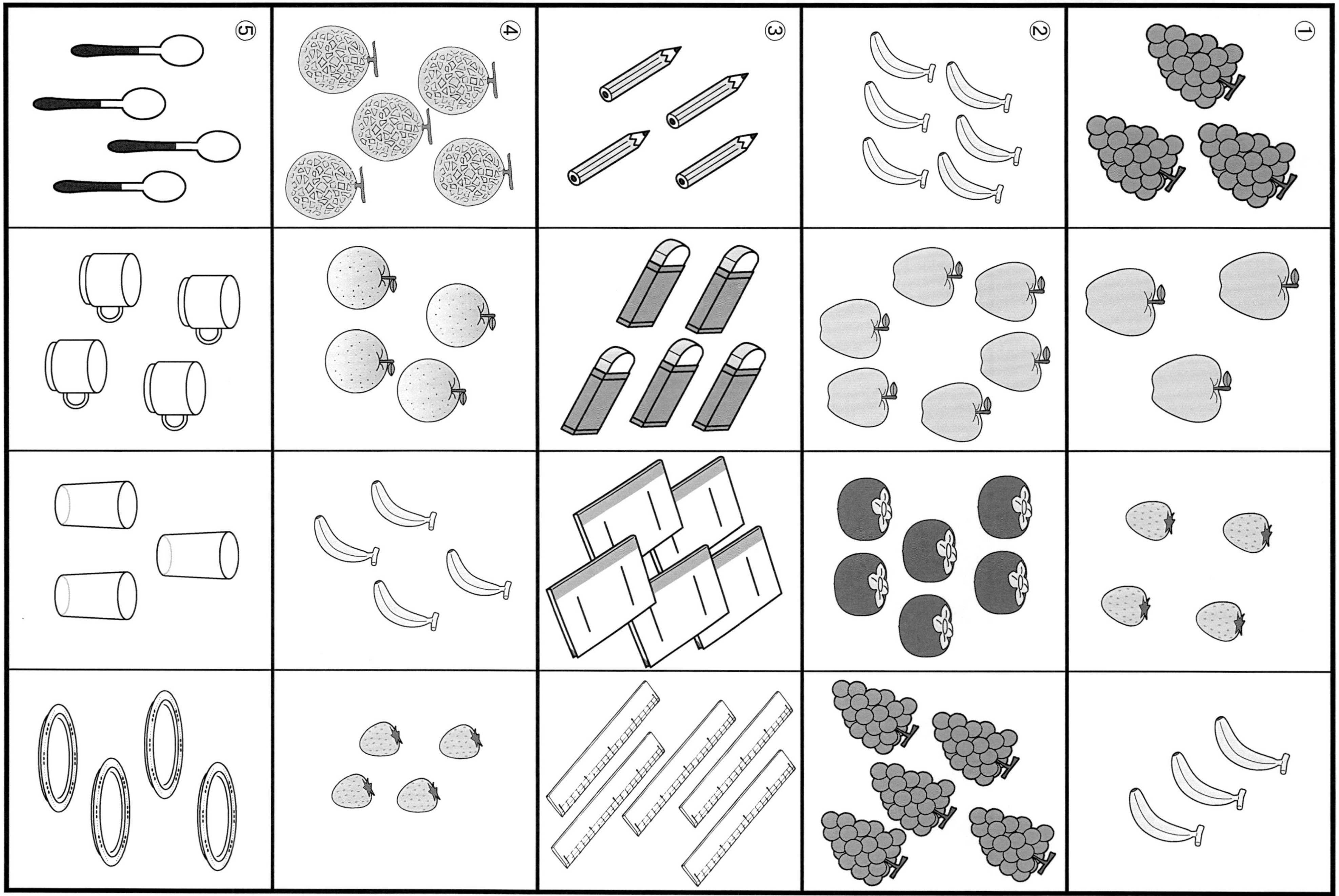

日本学習図書株式会社

☆福岡教育大学附属小学校

問題２２－２

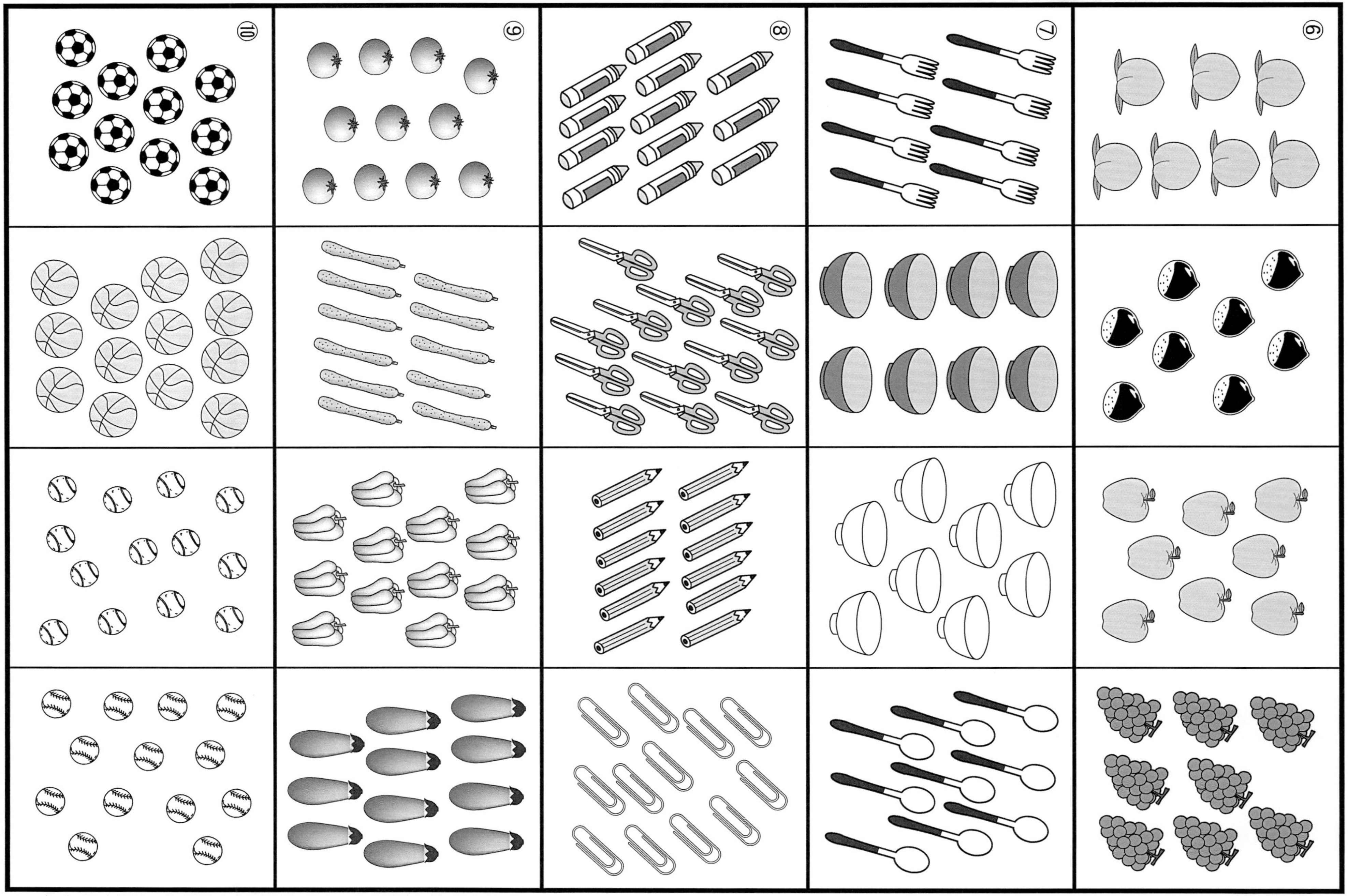

問題23−1

れんしゅう

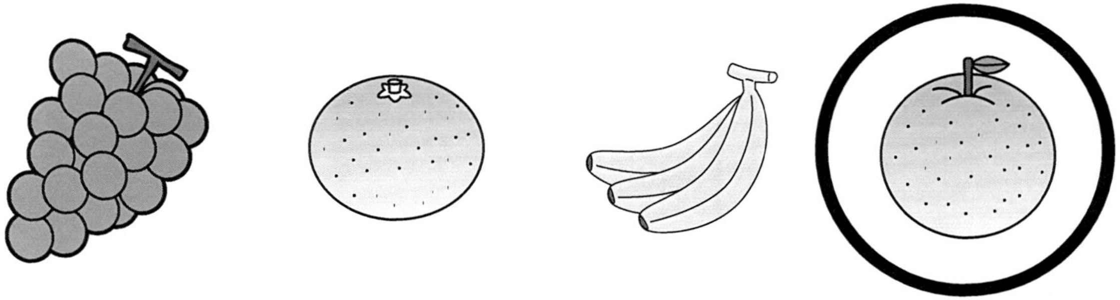

①

②

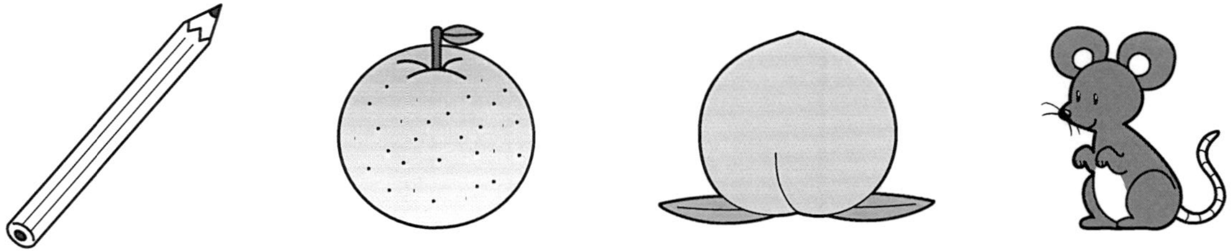

日本学習図書株式会社

☆福岡教育大学附属小学校

問題２３－２

③

④

⑤

⑥

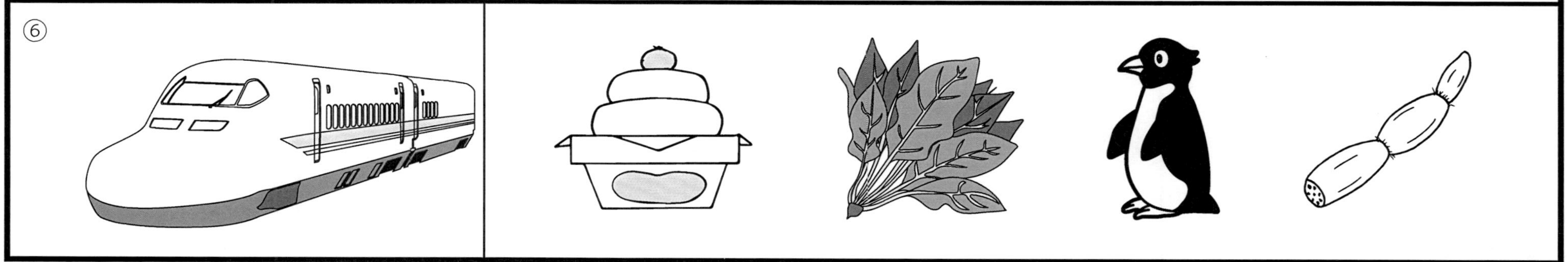

日本学習図書株式会社

☆福岡教育大学附属小学校

問題２４

①

②

③

④

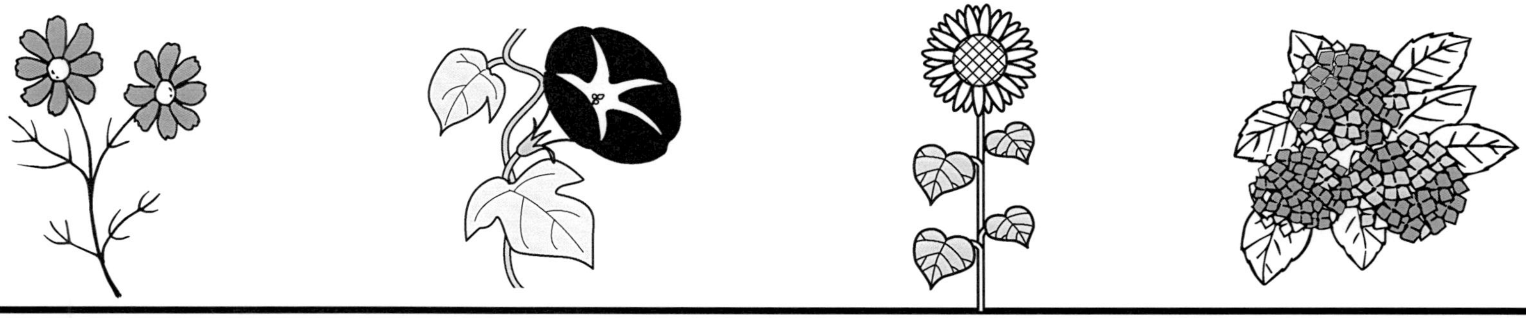

☆福岡教育大学附属小学校

問題２５

日本学習図書株式会社

☆福岡教育大学附属小学校

問題２６

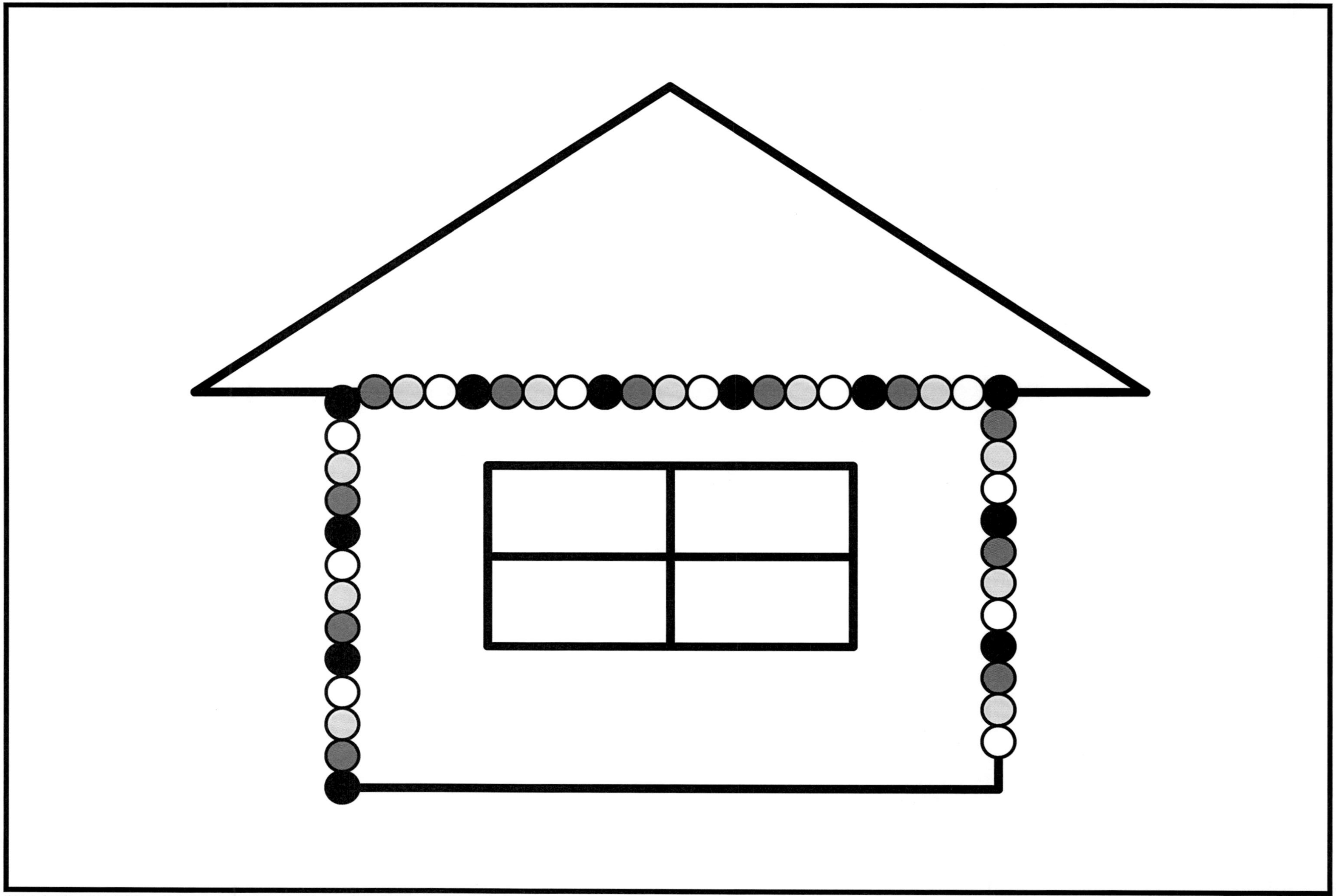

問題２７－１

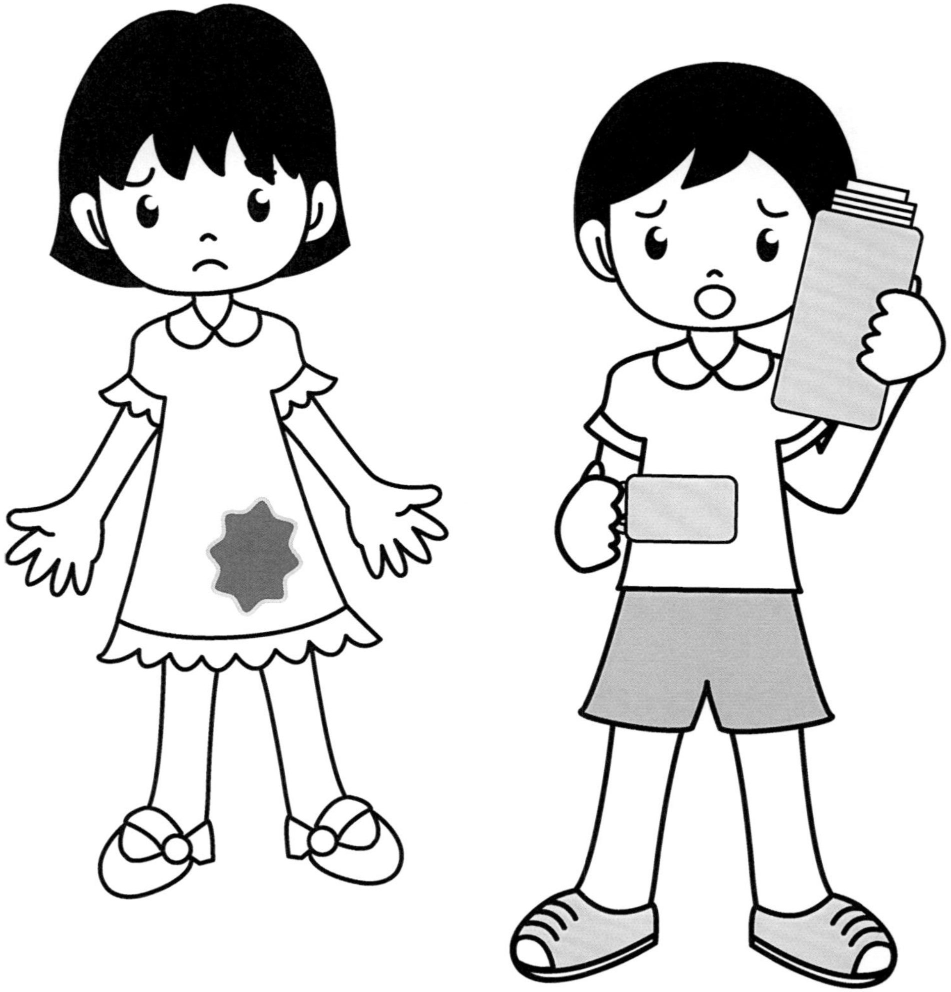

☆福岡教育大学附属小学校

2021年度 西南学院・福岡教育大学附属 過去 無断複製／転載を禁ずる 日本学習図書株式会社

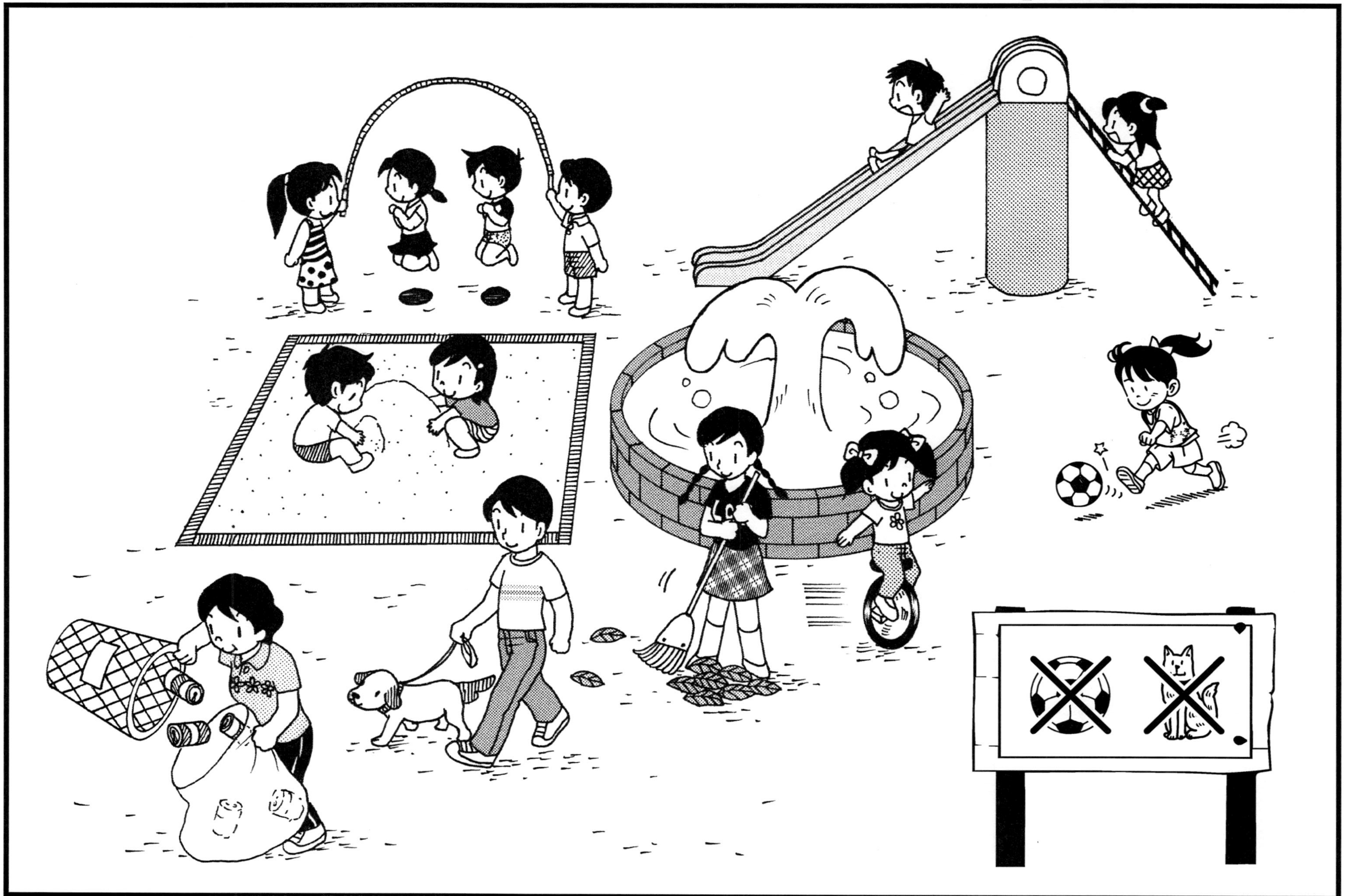

☆福岡教育大学附属小学校

問題２９－１

①

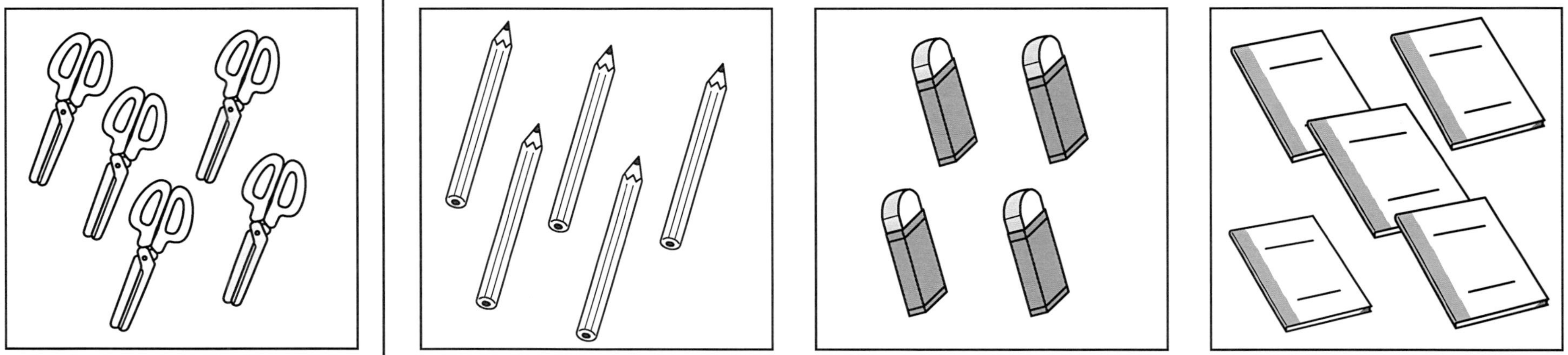

②

☆福岡教育大学附属小学校

問題２９－２

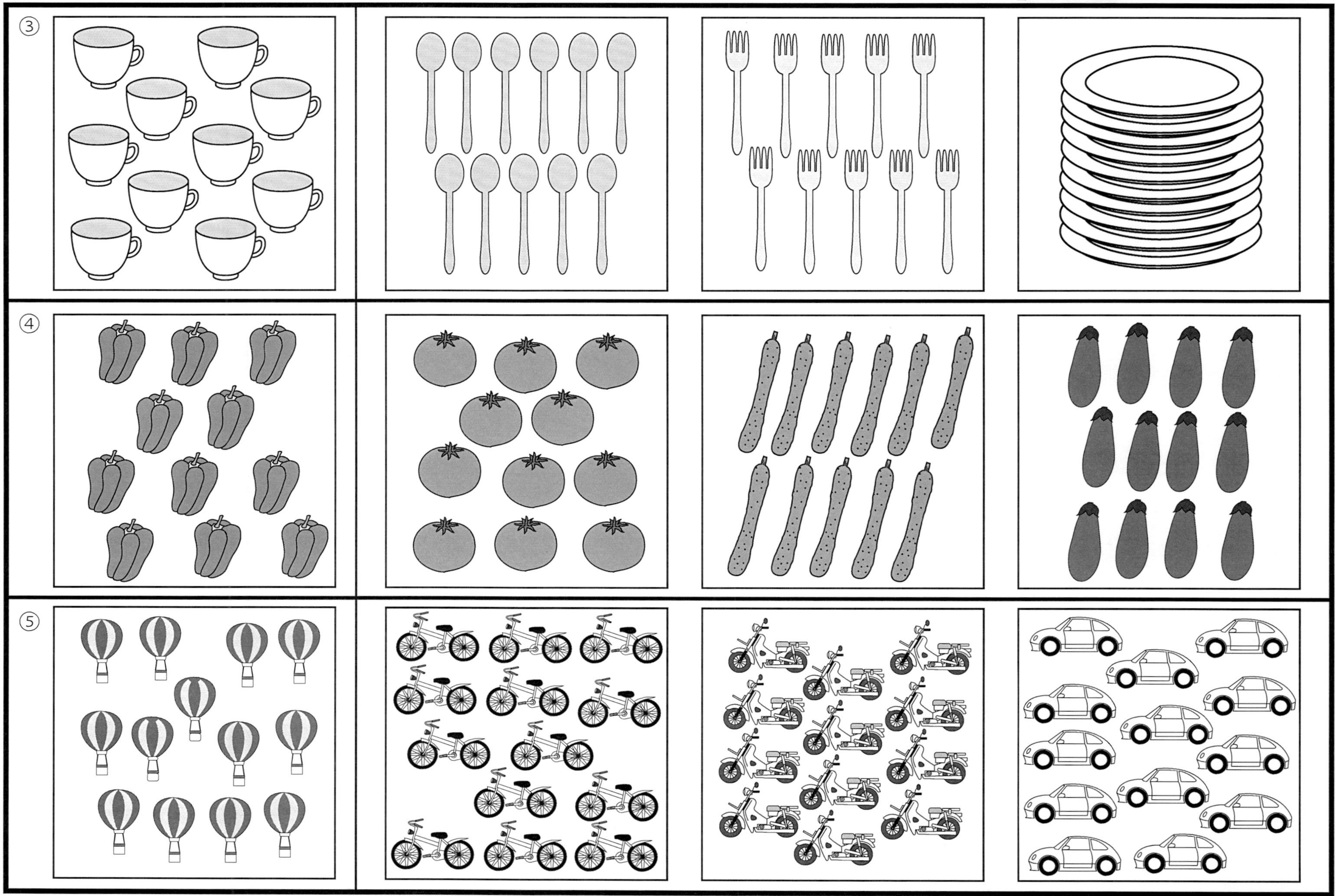

   日本学習図書株式会社

問題３０

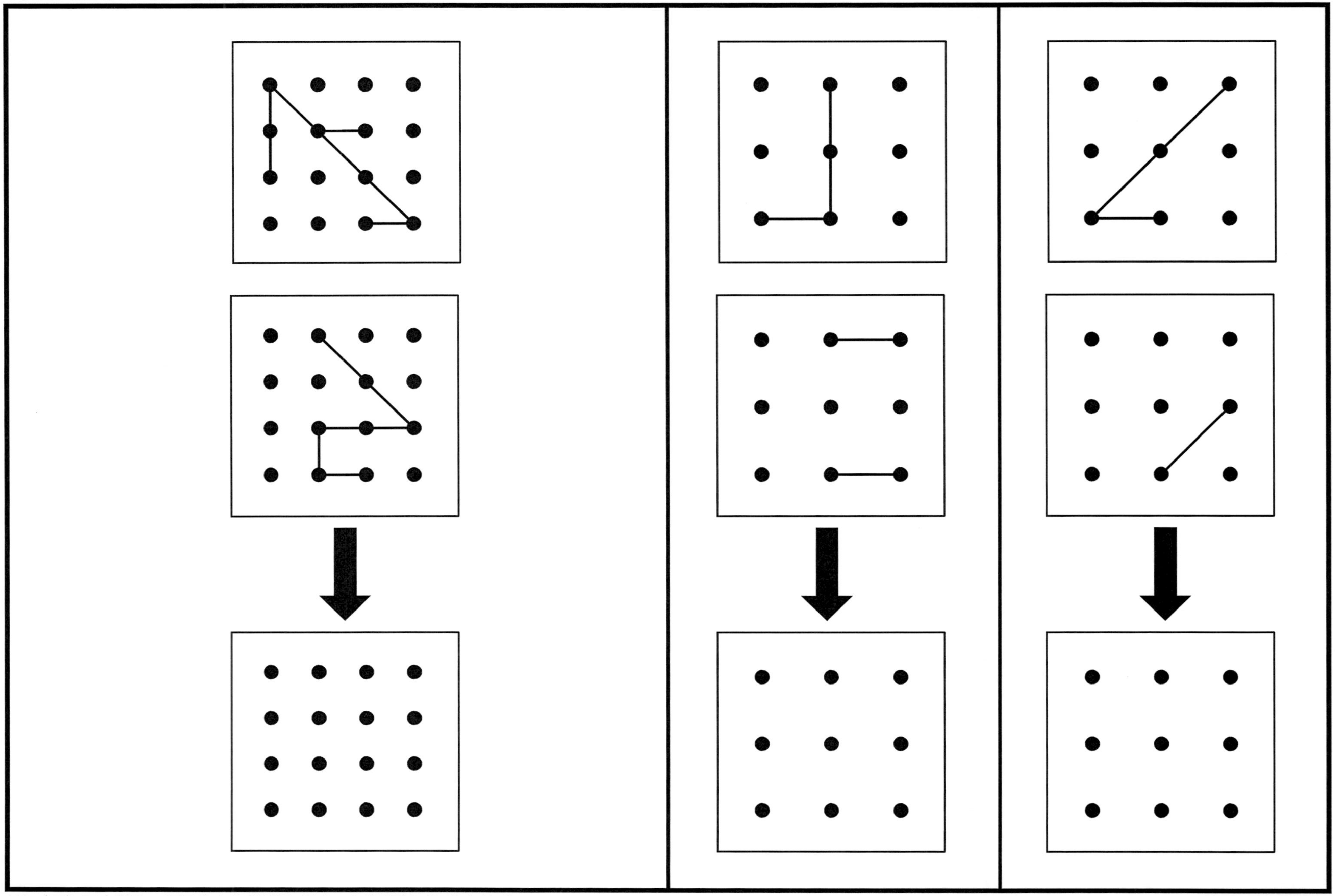

日本学習図書株式会社

問題31－1

日本学習図書株式会社

問題31－2

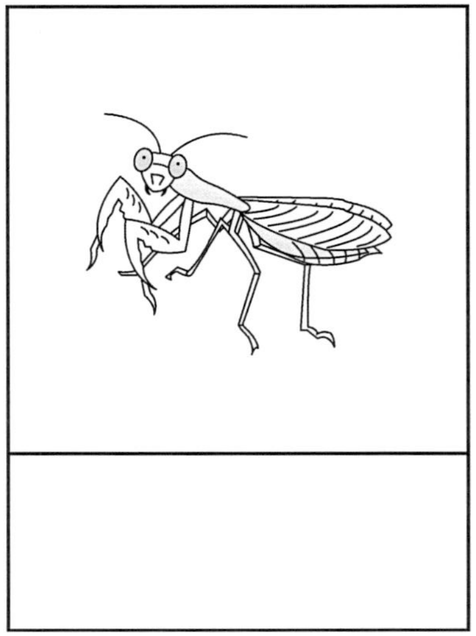

   日本学習図書株式会社

問題３２－１

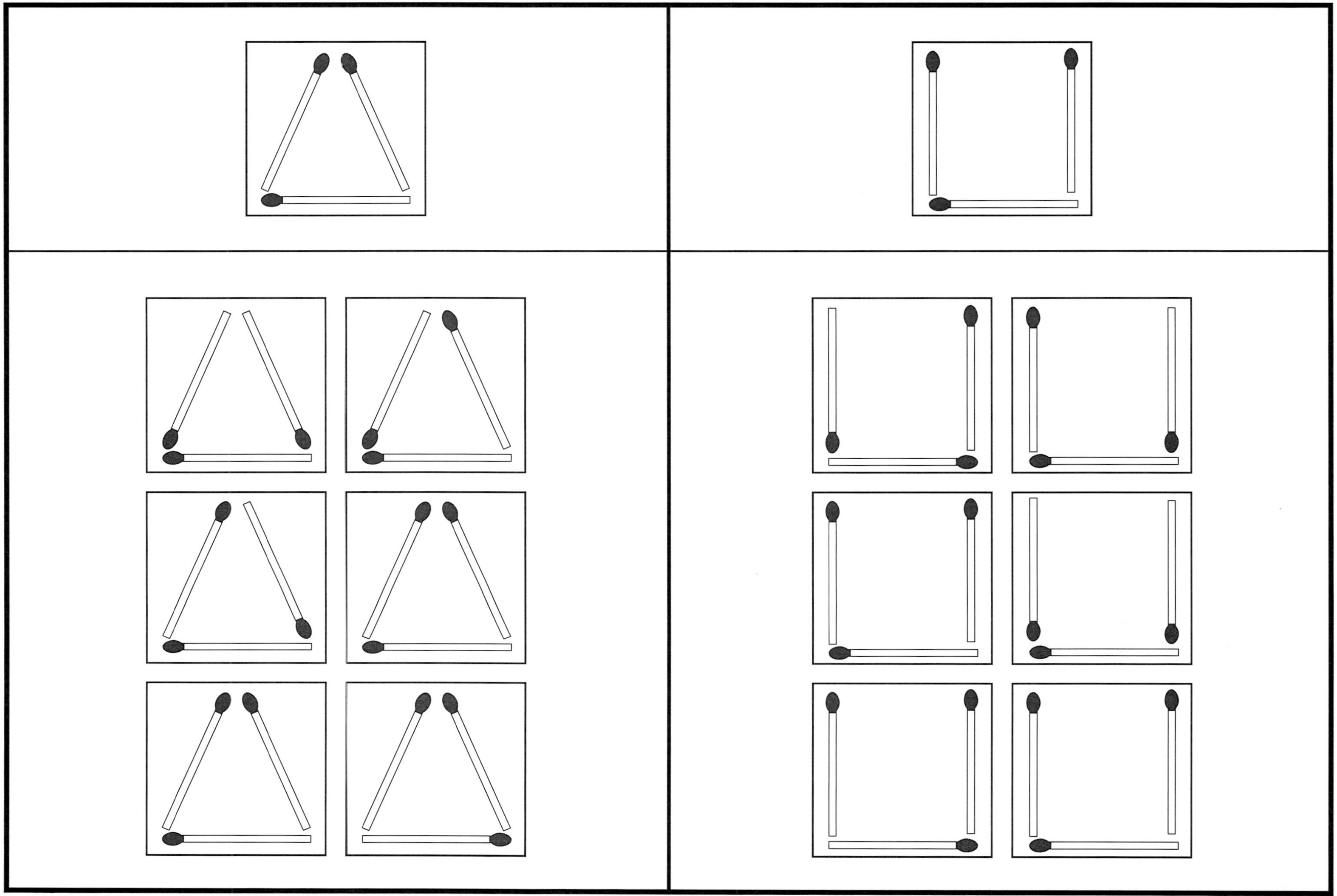

   日本学習図書株式会社

☆福岡教育大学附属小学校

問題３ ２－２

①

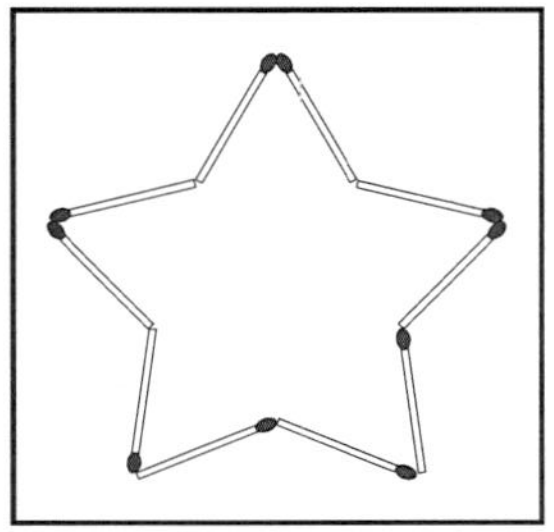

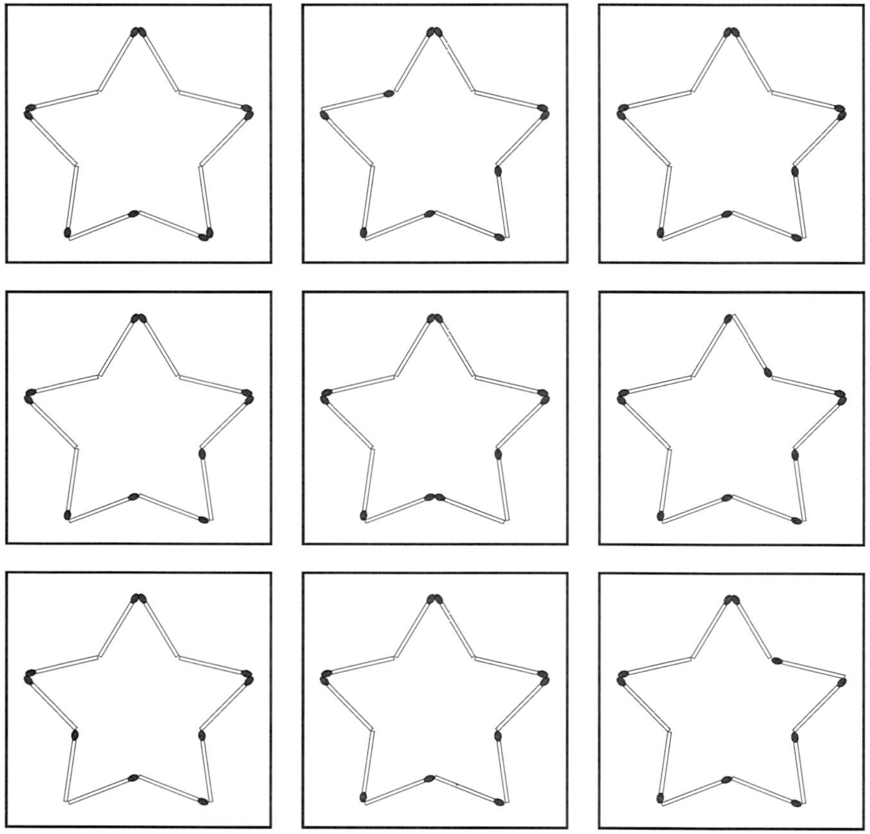

②

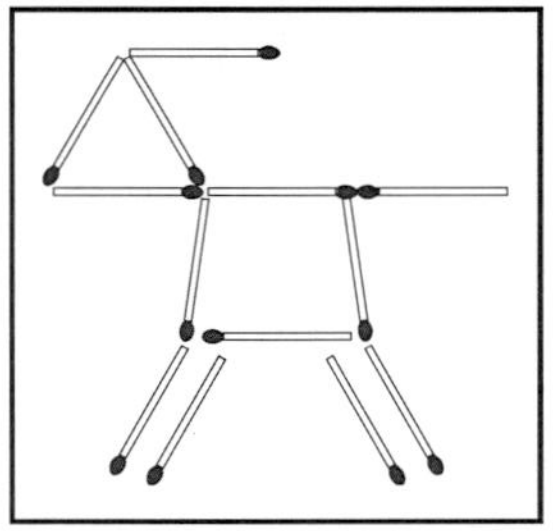

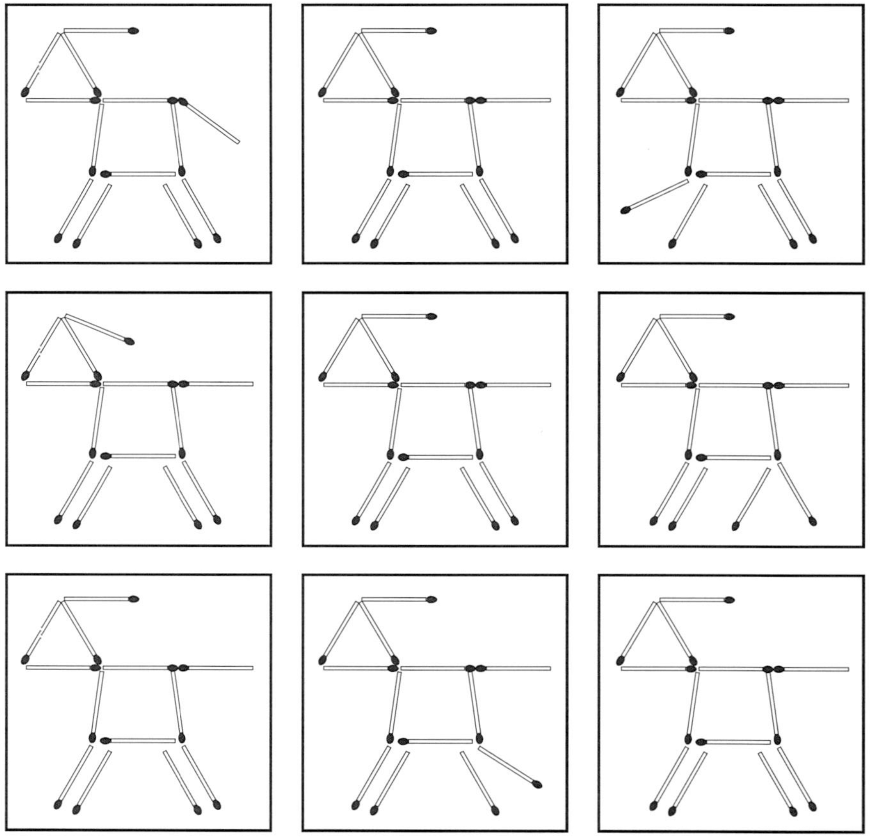

☆福岡教育大学附属小学校

問題３３

問題３５－１

日本学習図書株式会社

問題３５－２

☆福岡教育大学附属小学校

問題３６－１

   日本学習図書株式会社

問題36－2

③

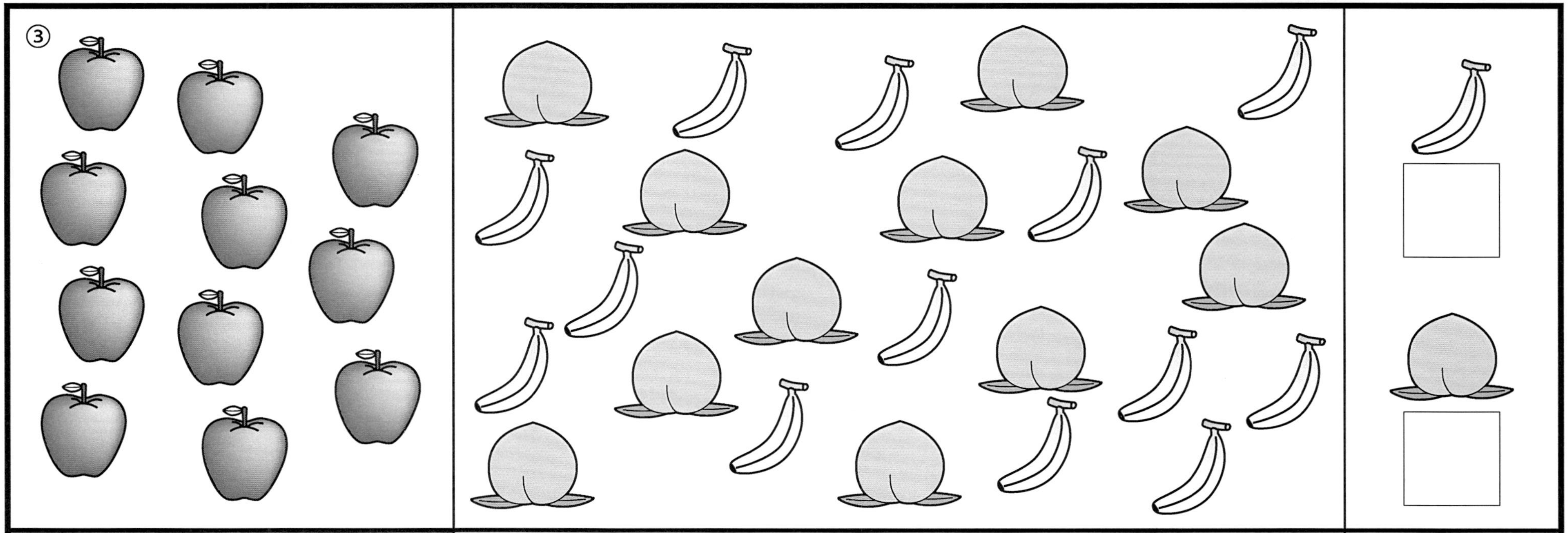

④

日本学習図書株式会社

問題３７

☆福岡教育大学附属小学校

①

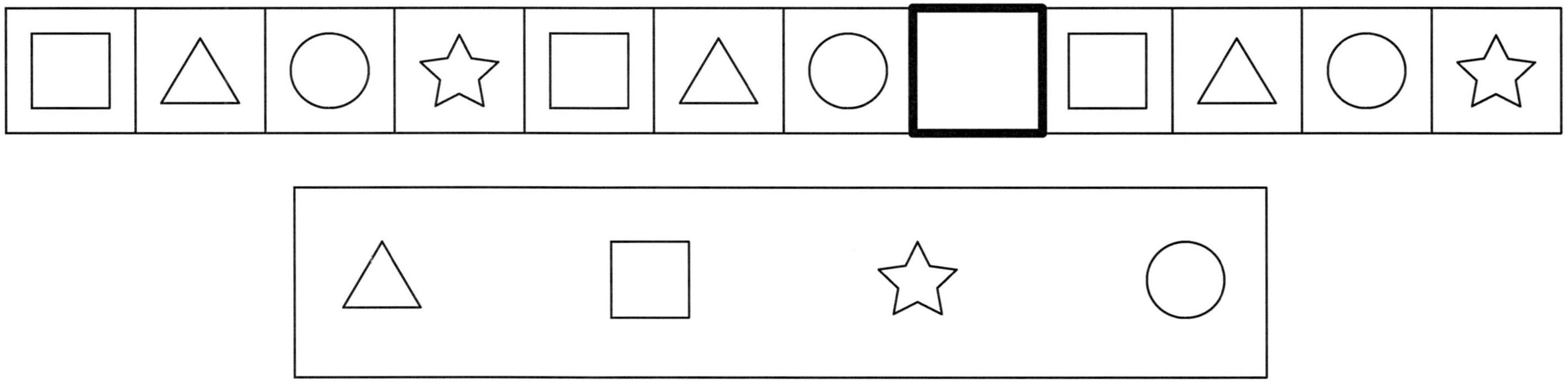

②

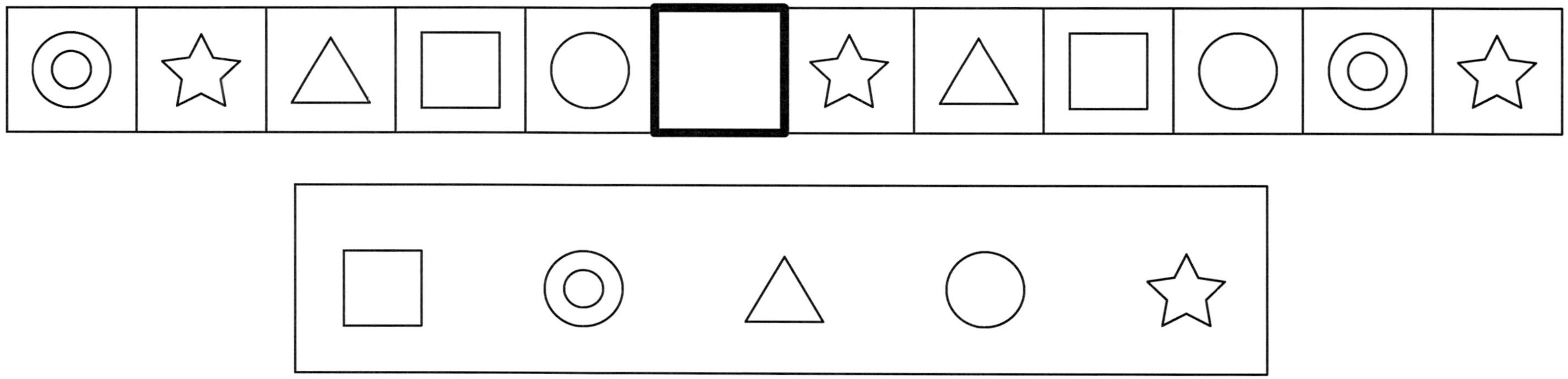

　

日本学習図書株式会社

☆福岡教育大学附属小学校

問題３８

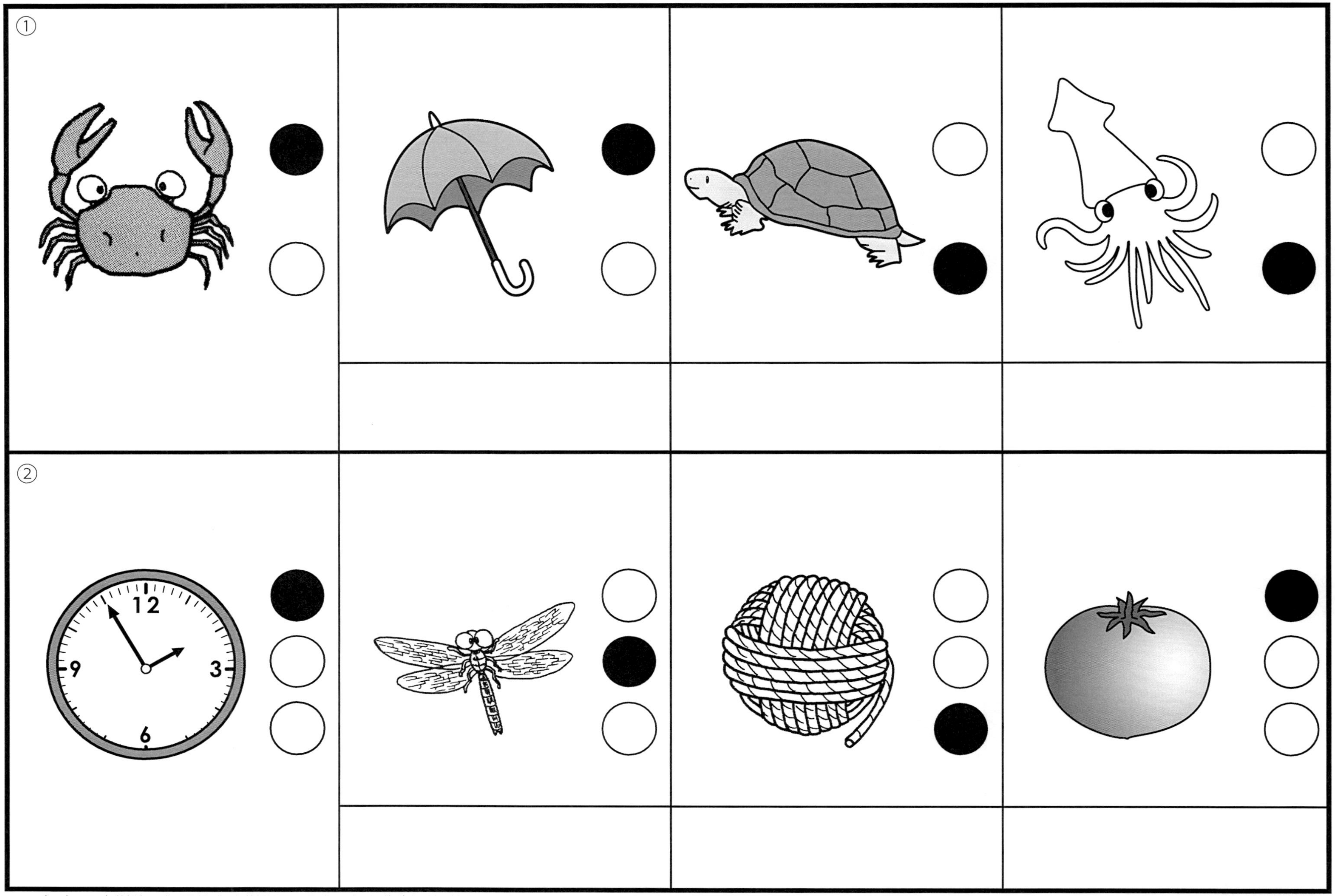

問題３９

☆福岡教育大学附属小学校

①

②

③

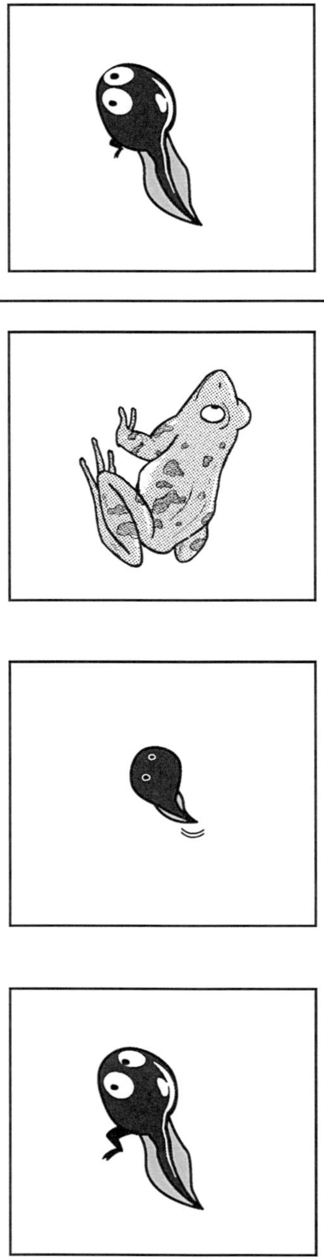

④

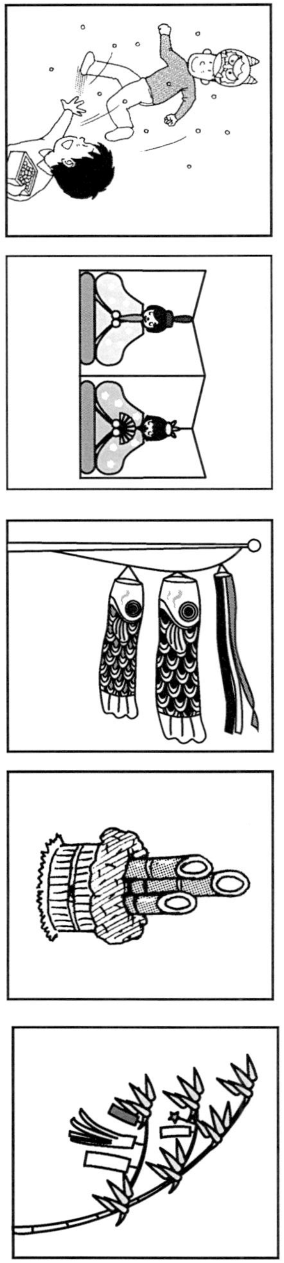

☆福岡教育大学附属小学校

問題４０－１

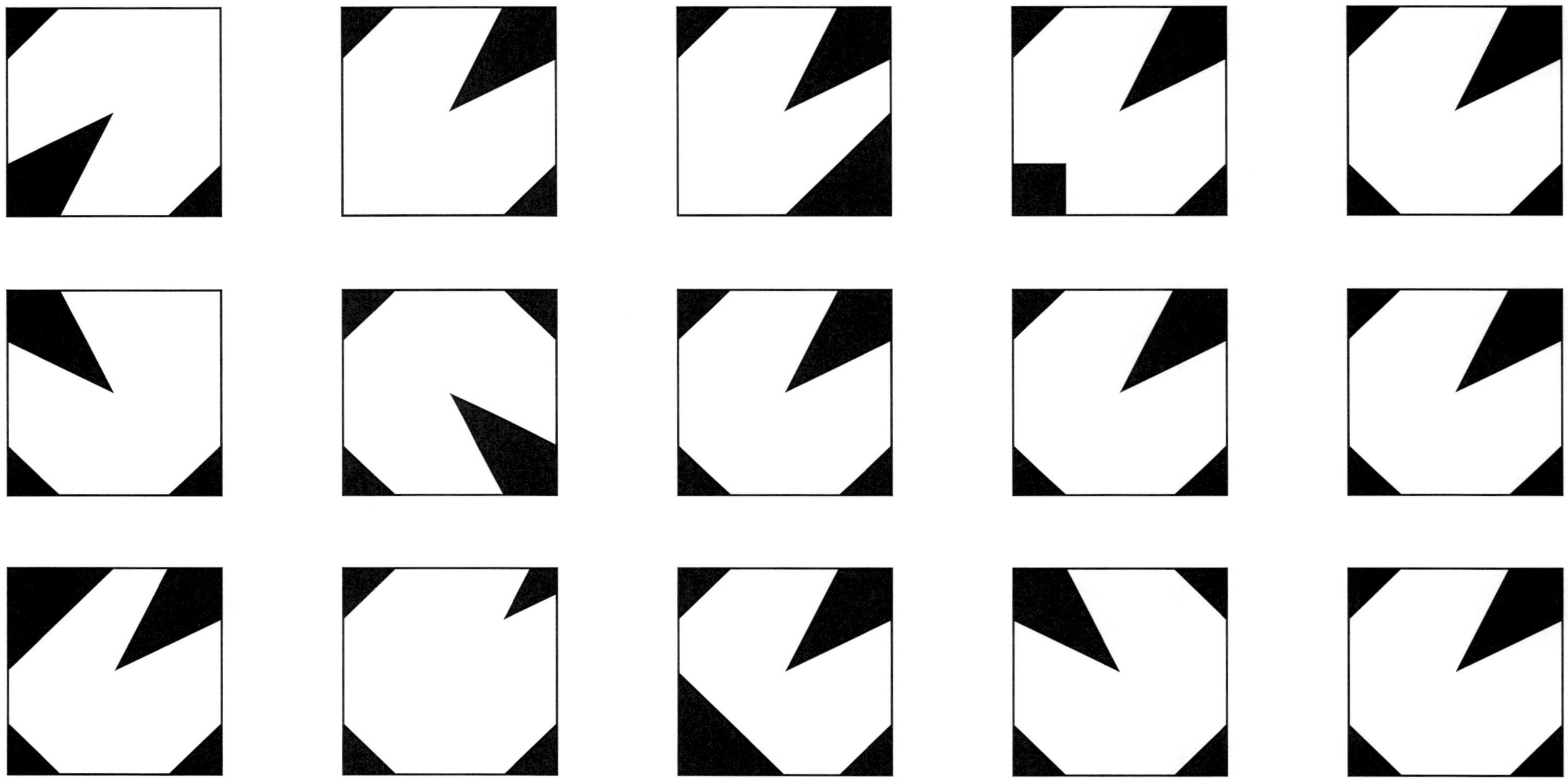

問題４０－２

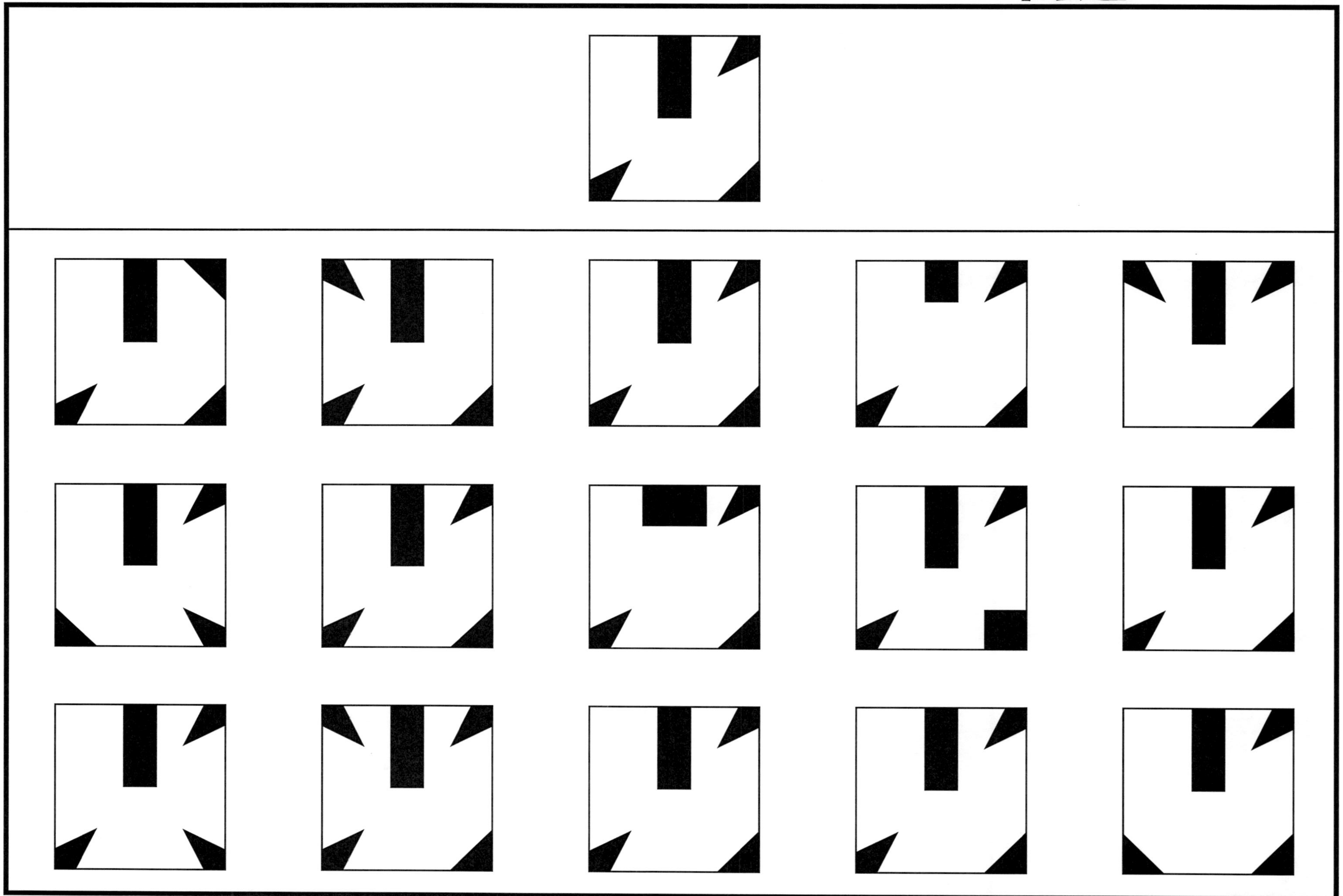

分野別 小学入試練習帳 ジュニアウォッチャー

1．点・線図形	小学校入試で出題頻度の高い『点・線図形』の模写を、難易度の低いものから段階別に幅広く練習することができるように構成。
2．座標	図形の位置模写という作業を、難易度の低いものから段階別に練習できるように構成。
3．パズル	様々なパズルの問題を難易度の低いものから段階別に練習できるように構成。
4．同図形探し	小学校入試で出題頻度の高い、同図形選びの問題を繰り返し練習できるように構成。
5．回転・展開	図形などを回転、または展開したとき、形がどのように変化するかを学習し、理解を深められるように構成。
6．系列	数、図形などの様々な系列問題を、難易度の低いものから段階別に練習できるように構成。
7．迷路	迷路の問題を繰り返し練習できるように構成。
8．対称	対称に関する問題を４つのテーマに分類し、各テーマごとに問題を段階別に練習できるように構成。
9．合成	図形の合成に関する問題を、難易度の低いものから段階別に練習できるように構成。
10．四方からの観察	もの（立体）を様々な角度から見て、どのように見えるかを推理する問題を段階別に整理し、１つの形式で複数の問題を練習できるように構成。
11．いろいろな仲間	ものや動物、植物の共通点を見つけ、分類していく問題を中心に構成。
12．日常生活	日常生活における様々な問題を６つのテーマに分類し、各テーマごとに一つの問題形式で複数の問題を練習できるように構成。
13．時間の流れ	『時間』に着目し、様々なものごとは、時間が経過するとどのように変化するのかということを学習し、理解できるように構成。
14．数える	様々なものを『数える』ことから、数の多少の判定やかけ算、わり算の基礎までを練習できるように構成。
15．比較	比較に関する問題を５つのテーマ（数、高さ、長さ、量、重さ）に分類し、各テーマごとに問題を段階別に練習できるように構成。
16．積み木	数える対象を積み木に限定した問題集。
17．言葉の音遊び	言葉の音に関する問題を５つのテーマに分類し、各テーマごとに問題を段階別に練習できるように構成。
18．いろいろな言葉	表現力をより豊かにするいろいろな言葉として、擬態語や擬声語、同音異義語、反意語、数詞を取り上げた問題集。
19．お話の記憶	お話を聴いてその内容を記憶、理解し、設問に答える形式の問題集。
20．見る記憶・聴く記憶	「見て憶える」「聴いて憶える」という『記憶』分野に特化した問題集。
21．お話作り	いくつかの絵を元にしてお話を作る練習をして、想像力を養うことができるように構成。
22．想像画	描かれてある形や景色に好きな絵を描くことにより、想像力を養うことができるように構成。
23．切る・貼る・塗る	小学校入試で出題頻度の高い、はさみやのりなどを用いた巧緻性の問題を繰り返し練習できるように構成。
24・絵画	小学校入試で出題頻度の高い、お絵かきやぬり絵などクレヨンやクーピーペンを用いた巧緻性の問題を繰り返し練習できるように構成。
25．生活巧緻性	小学校入試で出題頻度の高い日常生活の様々な場面における巧緻性の問題集。
26．文字・数字	ひらがなの清音、濁音、拗音、拗長音、促音と１～20までの数字に焦点を絞り、練習できるように構成。
27．理科	小学校入試で出題頻度が高くなりつつある理科の問題を集めた問題集。
28．運動	出題頻度の高い運動問題を種目別に分けて構成。
29．行動観察	項目ごとに問題提起をし、「このような時はどうか、あるいはどう対処するのか」の観点から問いかける形式の問題集。
30．生活習慣	学校から家庭に提起された問題と思って、一問一問絵を見ながら話し合い、考える形式の問題集。

31．推理思考	数、量、言語、常識（含理科、一般）など、諸々のジャンルから問題を構成し、近年の小学校入試問題傾向に沿って構成。
32．ブラックボックス	箱や筒の中を通ると、どのようなお約束でどのように変化するかを推理・思考する問題集。
33．シーソー	重さの違うものをシーソーに乗せた時どちらに傾くのか、またどうすればシーソーは釣り合うのかを思考する基礎的な問題集。
34．季節	様々な行事や植物などを季節別に分類できるように知識をつける問題集。
35．重ね図形	小学校入試で頻繁に出題されている「図形を重ね合わせてできる形」についての問題を集めました。
36．同数発見	様々な物を数え「同じ数」を発見し、数の多少の判断や数の認識の基礎を学べるように構成した問題集。
37．選んで数える	数の学習の基本となる、いろいろなものの数を正しく数える学習を行う問題集。
38．たし算・ひき算１	数字を使わず、たし算とひき算の基礎を身につけるための問題集。
39．たし算・ひき算２	数字を使わず、たし算とひき算の基礎を身につけるための問題集。
40．数を分ける	数を等しく分ける問題です。等しく分けたときに余りが出るものもあります。
41．数の構成	ある数がどのような数で構成されているか学んでいきます。
42．一対多の対応	一対一の対応から、一対多の対応まで、かけ算の考え方の基礎学習を行います。
43．数のやりとり	あげたり、もらったり、数の変化をしっかりと学びます。
44．見えない数	指定された条件から数を導き出します。
45．図形分割	図形の分割に関する問題集。パズルや合成の分野にも通じる様々な問題を集めました。
46．回転図形	「回転図形」に関する問題集。やさしい問題から始め、いくつかの代表的なパターンから、段階を踏んで学習できるよう編集されています。
47．座標の移動	「マス目の指示通りに移動する問題」と「指示された数だけ移動する問題」を収録。
48．鏡図形	鏡で左右反転させた時の見え方を考えます。平面図形から立体図形、文字、絵まで。
49．しりとり	すべての学習の基礎となる「言葉」を学ぶこと、特に「語彙」を増やすことに重点をおき、さまざまなタイプの「しりとり」問題を集めました。
50．観覧車	観覧車やメリーゴーラウンドなどを舞台にした「回転系列」の問題集。「推理思考」分野の問題ですが、要素として「図形」や「数量」も含みます。
51．運筆①	鉛筆の持ち方を学び、点線なぞり、お手本を見ながらの模写で、線を引く練習をします。
52．運筆②	運筆①からさらに発展し、「欠所補完」や「迷路」などを楽しみながら、より複雑な鉛筆運びを習得することを目指します。
53．四方からの観察 積み木編	積み木を使用した「四方からの観察」に関する問題を練習できるように構成。
54．図形の構成	見本の図形がどのような部分によって形づくられているかを考えます。
55．理科②	理科的知識に関する問題を集中して練習する「常識」分野の問題集。
56．マナーとルール	道路や駅、公共の場でのマナー、安全や衛生に関する常識を学べるように構成。
57．置き換え	さまざまな具体的・抽象的事象を記号で表す「置き換え」の問題を扱います。
58．比較②	長さ・高さ・体積・数などを数学的な知識を使わず、論理的に推測する「比較」の問題を練習できるように構成。
59．欠所補完	線と線のつながり、欠けた絵に当てはまるものなどを求める「欠所補完」に取り組める問題集です。
60．言葉の音（おん）	しりとり、決まった順番の音をつなげるなど、「言葉の音」に関する問題に取り組める練習問題集です。

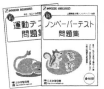

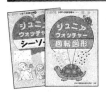

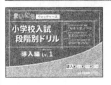

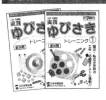

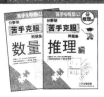

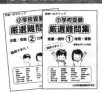

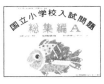

図書カード1000円分プレゼント

ご記入日　　年　月　日

☆国・私立小学校受験アンケート☆

※可能な範囲でご記入下さい。選択肢は○で囲んで下さい。

〈小学校名〉＿＿＿＿＿＿＿＿＿＿　〈お子さまの性別〉男・女　〈誕生月〉＿＿月

〈その他の受験校〉（複数回答可）＿＿＿＿＿＿＿＿＿＿

〈受験日〉①：＿＿月＿＿日〈時間〉＿＿時＿＿分～＿＿時＿＿分

②：＿＿月＿＿日〈時間〉＿＿時＿＿分～＿＿時＿＿分

〈受験者数〉男女計＿＿名（男子＿＿名　女子＿＿名）

〈お子さまの服装〉＿＿＿＿＿＿＿＿＿＿

〈入試全体の流れ〉（記入例）準備体操→行動観察→ペーパーテスト

＿＿＿＿＿＿＿＿＿＿

Eメールによる情報提供

日本学習図書では、Eメールでも入試情報を募集しております。

下記のアドレスに、アンケートの内容をご入力の上、メールをお送り下さい。

ojuken@nichigaku.jp

●行動観察　（例）好きなおもちゃで遊ぶ・グループで協力するゲームなど

〈実施日〉＿＿月＿＿日〈時間〉＿＿時＿＿分～＿＿時＿＿分〈着替え〉□有　□無

〈出題方法〉□肉声　□録音　□その他（　　　　　）〈お手本〉□有　□無

〈試験形態〉□個別　□集団（　　　人程度）

〈内容〉

□自由遊び

＿＿＿＿＿＿＿＿＿＿

□グループ活動

＿＿＿＿＿＿＿＿＿＿

□その他

＿＿＿＿＿＿＿＿＿＿

〈会場図〉

●運動テスト（有・無）　（例）跳び箱・チームでの競争など

〈実施日〉＿＿月＿＿日〈時間〉＿＿時＿＿分～＿＿時＿＿分〈着替え〉□有　□無

〈出題方法〉□肉声　□録音　□その他（　　　　　）〈お手本〉□有　□無

〈試験形態〉□個別　□集団（　　　人程度）

〈内容〉

□サーキット運動

□走り　□跳び箱　□平均台　□ゴム跳び

□マット運動　□ボール運動　□なわ跳び

□クマ歩き

□グループ活動＿＿＿＿＿＿＿＿＿＿

□その他＿＿＿＿＿＿＿＿＿＿

〈会場図〉

●知能テスト・口頭試問

〈実施日〉 ＿＿月＿＿日 〈時間〉 ＿＿時＿＿分 ～ ＿＿時＿＿分 〈お手本〉□有 □無

〈出題方法〉 □肉声 □録音 □その他（　　　　　　） 〈問題数〉 ＿＿枚 ＿＿問

分野	方法	内容	詳細・イラスト
（例） お話の記憶	☑筆記 □口頭	動物たちが待ち合わせをする話	（あらすじ） 動物たちが待ち合わせをした。最初にウサギさんが来た。次にイヌくんが、その次にネコさんが来た。最後にタヌキくんが来た。 （問題・イラスト） ３番目に来た動物は誰か 
お話の記憶	□筆記 □口頭		（あらすじ） （問題・イラスト）
図形	□筆記 □口頭		
言語	□筆記 □口頭		
常識	□筆記 □口頭		
数量	□筆記 □口頭		
推理	□筆記 □口頭		
その他	□筆記 □口頭		

●制作　（例）ぬり絵・お絵かき・工作遊びなど

〈実施日〉＿＿月＿＿日〈時間〉＿＿時＿＿分＿～＿＿時＿＿分

〈出題方法〉□肉声 □録音 □その他（　　　　　）〈お手本〉□有 □無

〈試験形態〉□個別 □集団（　　　人程度）

材料・道具	制作内容
□ハサミ □のり（□つぼ □液体 □スティック） □セロハンテープ □鉛筆 □クレヨン（　色） □クーピーペン（　色） □サインペン（　色）□ □画用紙（□ A4 □ B4 □ A3 □その他：　　　　） □折り紙 □新聞紙 □粘土 □その他（　　　　）	□切る □貼る □塗る □ちぎる □結ぶ □描く □その他（　　　　） タイトル：＿＿＿＿＿＿＿＿＿＿

●面接

〈実施日〉＿＿月＿＿日〈時間〉＿＿時＿＿分＿～＿＿時＿＿分〈面接担当者〉＿＿名

〈試験形態〉□志願者のみ（　）名 □保護者のみ □親子同時 □親子別々

〈質問内容〉

□志望動機　□お子さまの様子

□家庭の教育方針

□志望校についての知識・理解

□その他（　　　　　　　　）

（　詳　細　）

・

・

・

・

※試験会場の様子をご記入下さい。

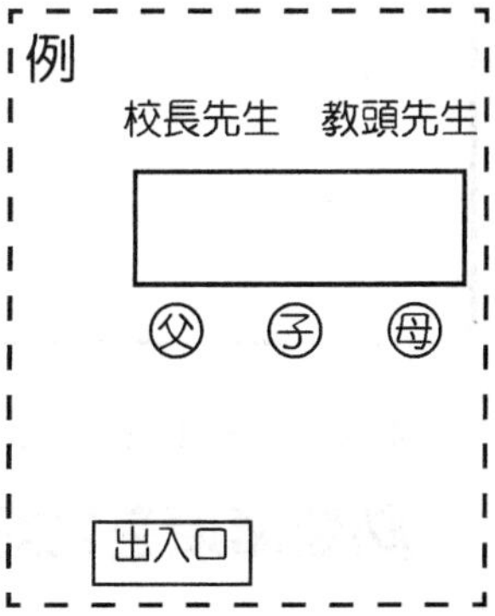

●保護者作文・アンケートの提出（有・無）

〈提出日〉□面接直前　□出願時　□志願者考査中　□その他（　　　　　）

〈下書き〉□有　□無

〈アンケート内容〉

（記入例）当校を志望した理由はなんですか（150 字）

●**説明会**（□有　□無）〈開催日〉　　月　　日〈時間〉　　時　　分　～　　時　　分

〈上履き〉　□要　□不要　〈願書配布〉　□有　□無　〈校舎見学〉　□有　□無

〈ご感想〉

●**参加された学校行事**（複数回答可）

公開授業〈開催日〉　　月　　日〈時間〉　　時　　分　～　　時　　分

運動会など〈開催日〉　　月　　日〈時間〉　　時　　分　～　　時　　分

学習発表会・音楽会など〈開催日〉　　月　　日〈時間〉　　時　　分　～　　時　　分

〈ご感想〉

※是非参加したほうがよいと感じた行事について

●**受験を終えてのご感想、今後受験される方へのアドバイス**

※対策学習（重点的に学習しておいた方がよい分野）、当日準備しておいたほうがよい物など

＊＊＊＊＊＊＊＊＊＊＊＊＊　ご記入ありがとうございました　＊＊＊＊＊＊＊＊＊＊＊＊＊

必要事項をご記入の上、ポストにご投函ください。

なお、本アンケートの送付期限は入試終了後３ヶ月とさせていただきます。また、入試に関する情報の記入量が当社の基準に満たない場合、謝礼の送付ができないことがございます。あらかじめご了承ください。

ご住所：〒

お名前：　　　　　　　　メール：

ＴＥＬ：　　　　　　　　ＦＡＸ：

ご記入頂いた個人に関する情報は、当社にて厳重に管理致します。弊社の個人情報取り扱いに関する詳細は、www.nichigaku.jp/policy.php の「個人情報の取り扱い」をご覧下さい。

家庭学習をトータルサポート！ ニチガクのオリジナル 効果的 学習法

1 まずは アドバイスページを読む！

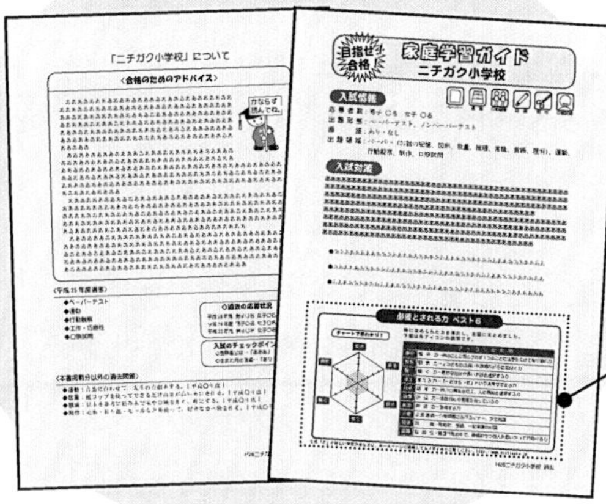

ピンク色です

対策や試験ポイントがぎっしりつまった「家庭学習ガイド」。分析内容やレーダーチャート、分野アイコンで、試験の傾向をおさえよう！

2 問題をすべて読み、出題傾向を把握する

3 「学習のポイント」で学校側の観点や問題の解説を熟読

4 はじめて過去問題にチャレンジ！

5 プラスα 対策問題集や類題で力を付ける

過去問のこだわり

各問題に求められる「力」

分野だけでなく、各問題の求められる「力」をアイコンで表記！アドバイスページの分析レーダーチャートで力のバランスも把握できる！

各問題のジャンル

問題3 分野：図形（パズル） 集中 観察

〈準 備〉 あらかじめ問題3－1の絵を線に沿って切り離しておく。

〈問 題〉 （切り離したパズルと問題3－2の絵を渡す）ここに9枚のパズルがあります。この中からパズルを6枚選んで絵を作ってください。絵ができたら、使わなかったパズルを教えてください。

〈時 間〉 1分

〈解 答〉 省略

出題年度

［2018年度出題］

学習のポイント

用意されたパズルを使って絵を作り、その際に使用しなかったパズルを答える問題です。パズルのつながりを見つける図形認識の力と、指示を聞き逃さない注意力が要求されています。パズルを作る際には、全体を見渡してある程度の完成予想図を思い浮かべることと、特定の部品に注目して、ほかとのつながりを見つけることを意識して練習をすると良いでしょう。図形を認識し、完成図を予想する力は、いきなり頭に浮かぶものではなく、何度も同種の問題を解くことでイメージできるようになるものです。日常の練習の際にも、パズルが上手くできた時に、「どのように考えたの」と聞いてみて、考え方を言葉で確認する習慣をつけていくようにしてください。

【おすすめ問題集】
Ｊｒ・ウォッチャー３「パズル」、59「欠所補完」

学習のポイント

各問題の解説や学校の観点、指導のポイントなどを教えます。
今日から保護者の方が家庭学習の先生に！

おすすめ対策問題集

分野ごとに対策問題集をご紹介。苦手分野の克服に最適です！
＊専用注文書付き。

2021年度版
西南学院小学校
福岡教育大学附属小学校　過去問題集

発行日　2020年9月14日
発行所　〒162-0821　東京都新宿区津久戸町 3-11
TH1ビル飯田橋 9F　日本学習図書株式会社
電　話　03-5261-8951 ㈹